Grammar START

0. 단어, 구, 문장

Grammar 001~182

Conversation 001~182

MEMO

I want a new bike.
나는 새 자전거를 원한다.

단어

알파벳이 모여 만든, 뜻을 가진 가장 작은 단위의 말
c + a + t = cat 고양이

구

두 개 이상의 단어가 모여 만든 말 덩어리로 문장의 일부가 됨
a + cute 귀여운 + cat 고양이 → a cute cat 귀여운 고양이

문장

단어를 순서에 맞게 배열하여 감정, 생각 등을 표현한 말
I like a cute cat. 나는 귀여운 고양이를 좋아한다.

- | I 나 | want 원하다 | new 새로운 | bike 자전거 | → | **I want** a new bike
 나는 새 자전거를 원한다. |

- **I have a big nose.** 나는 큰 코를 갖고 있다.

WORDS want 원하다 new 새로운 bike 자전거 big 큰 nose 코

I'm Jenny.
나는 Jenny입니다.

Words

student 학생 singer 가수 nurse 간호사

Sentences

- **I'm a student.** 나는 학생입니다.
- **I'm a singer.** 나는 가수입니다.
- **I'm a nurse.** 나는 간호사입니다.

Dialogue

 Nice to meet you. **I'm** Jenny.
만나서 반가워. 나는 Jenny야.

Nice to meet you, too. **I'm** Timo.
나도 만나서 반가워. 나는 Timo야.

Grammar 001

My name is Harry.
내 이름은 Harry(해리)이다.

★ **명사:** 사람, 동물, 사물, 장소 등 이 세상에 존재하는 모든 것의 이름

하나 뿐인 것의 이름	Harry 해리 Seoul 서울 moon 달 sun 태양 등
셀 수 있는 것의 이름	dog 개 cat 고양이 zebra 얼룩말 rabbit 토끼 등 – 동물의 이름 carrot 당근 cup 컵 ball 공 onion 양파 등 – 사물의 이름 nurse 간호사 uncle 삼촌 teacher 선생님 등 – 사람의 이름 school 학교 church 교회 library 도서관 등 – 장소의 이름
셀 수 없는 것의 이름	love 사랑 peace 평화 salt 소금 money 돈 등

- **Harry likes a rabbit.** Harry는 토끼를 좋아한다.
- **My uncle is a nurse.** 내 삼촌은 간호사이다.
- **My teacher lives in Seoul.** 나의 선생님은 서울에 산다.

WORDS my 나의 name 이름 like 좋아하다 live 살다

He's a teacher.
그는 선생님입니다.

Words

teacher 선생님 father 아버지 doctor 의사 mother 어머니

Sentences

- **He's my father.** 그는 나의 아버지입니다.
- **She's a doctor.** 그녀는 의사입니다.
- **She's my mother.** 그녀는 나의 어머니입니다.

Dialogue

Who is she?
그녀는 누구시니?

She's my teacher.
그녀는 나의 선생님이십니다.

1. 명사 – 셀 수 있는 명사 a

I have a book.
나는 책 한 권을 갖고 있다.

a + 셀 수 있는 명사

a dog 개 한 마리
a pencil 연필 한 자루
a ball 공 한 개
a ruler 자 한 개
a man 한 남자

- 셀 수 있는 명사가 하나만 있을 때 명사 앞에 a를 붙여요.
- 특히 셀 수 있는 명사가 자음으로 시작할 때 a를 붙여요.

- **I have a dog.** 나는 개 한 마리를 갖고 있다. (I have ~~dog~~.)
- **I need a pencil.** 나는 연필 한 자루가 필요하다. (I need ~~pencil~~.)
- **I have a ball.** 나는 공을 한 개 갖고 있다. (I have ~~ball~~.)
- **I have a ruler.** 나는 자 한 개를 갖고 있다. (I have ~~ruler~~.)

WORDS book 책 have 갖고 있다 need 필요하다

My name is Jane.
내 이름은 Jane입니다.

Words

my 나의 name 이름 her 그녀의 his 그의

Sentences

- **My** name is **Christian.** 나의 이름은 Christian입니다.
- **Her** name is **Lisa.** 그녀의 이름은 Lisa입니다.
- **His** name is **Peter.** 그의 이름은 Peter입니다.

Dialogue

 Hi, I'm Jane. What's your name?
안녕, 나는 Jane이야. 너의 이름이 뭐니?

Hi, my **name** is Josh.
안녕, 내 이름은 Josh야.

1. 명사 - 셀 수 있는 명사 an

I have an egg.
나는 달걀 한 개를 갖고 있다.

an + 셀 수 있는 명사

an apple 사과 한 개 **an e**lephant 코끼리 한 마리 **an i**nventor 발명가 한 명 **an o**range 오렌지 한 개 **an u**mbrella 우산 한 개	- 셀 수 있는 명사가 하나만 있을 때 앞에 an을 붙여요. - 셀 수 있는 명사의 첫 소리가 모음으로 시작할 때 an을 붙여요.

- **I eat an apple.** 나는 사과 한 개를 먹는다. (I eat a̶ ̶a̶p̶p̶l̶e̶.)
- **I know an inventor.** 나는 발명가 한 명을 안다. (I know a̶ ̶i̶n̶v̶e̶n̶t̶o̶r̶.)
- **I want an orange.** 나는 오렌지 한 개를 원한다. (I want a̶ ̶o̶r̶a̶n̶g̶e̶.)
- **I have an umbrella.** 나는 우산 한 개를 갖고 있다. (I have a̶ ̶u̶m̶b̶r̶e̶l̶l̶a̶.)

WORDS egg 달걀 eat 먹다 know 알다

This is my sister.
이쪽은 내 여동생입니다.

Words

sister 여자 형제 brother 남자 형제 friend 친구 grandmother 할머니

Sentences

- **This is my brother.** 이쪽은 내 남동생입니다.
- **This is my friend, Betty.** 이쪽은 제 친구 Betty입니다.
- **This is my grandmother.** 이쪽은 제 할머니이십니다.

Dialogue

This is my brother, Chris.
이쪽은 내 남동생 Chris야.

Nice to meet you, Chris. I'm Peter.
만나서 반가워. Chris. 난 Peter야.

1. 명사 - 셀 수 있는 명사의 복수형

I have erasers.
나는 지우개 여러 개를 갖고 있다.

셀 수 있는 명사 + -s	
apple**s** 사과들 elephant**s** 코끼리들 orange**s** 오렌지들 cup**s** 컵들 pencil**s** 연필들	– 셀 수 있는 명사가 여럿일 때 명사 뒤에 s를 붙여 써요.

- **I sell umbrellas.** 나는 우산들을 판다.
- **Elephants are big.** 코끼리들은 크다.
- **I have balls.** 나는 공들을 갖고 있다.
- **Two cups are on the table.** 두 개의 컵이 테이블 위에 있다.

WORDS eraser 지우개 sell 팔다 big 큰 two 둘의 table 탁자

It's my cap.
그건 내 모자야.

Words

cap 모자 bag 가방 pencil 연필

Sentences

- It's **your bag.** 그건 네 가방이야.
- It's **Robin's pencil.** 그건 로빈의 연필이야.
- It's **Robin's.** 그건 로빈 거야.

Dialogue

Whose cap is this?
이건 누구 모자야?

It's my cap.
그건 내 모자야.

1. 명사 – 셀 수 있는 명사의 복수형

Leaves **fall from** trees.
나무들에서 잎들이 떨어진다.

셀 수 있는 명사 + -es	
sandwich – sandwich**es** 샌드위치들 box – box**es** 상자들	– 셀 수 있는 명사가 -s, -ch, -sh, -o, -x 로 끝날 때 끝에 **-es**를 붙여요.
candy – cand**ies** 사탕들 country – countr**ies** 나라들	– 셀 수 있는 명사가 y로 끝날 때는 y 대신 **-ies**를 붙여요.
leaf – lea**ves** 나뭇잎들 wolf – wol**ves** 늑대들	– 셀 수 있는 명사가 f로 끝날 때 f 대신 **-ves**를 붙여요.

- **I make** sandwiches. 나는 샌드위치들을 만든다.
- **I need** boxes. 나는 상자들이 필요하다.
- **The** stories **are true.** 그 이야기들은 진실이다.

WORDS fall 떨어지다 tree 나무 make 만들다 true 사실인

It's mine.
그것은 내 거야.

Words

mine 내 것 yours 너의 것 hers 그녀의 것 his 그의 것

Sentences

- **It's yours.** 그것은 네 거야.
- **It's hers.** 그것은 그녀 거야.
- **It's his.** 그것은 그의 것이야.

Dialogue

Whose bag is this?
이건 누구 가방이야?

It's mine.
그것은 내 거야.

1. 명사 – 셀 수 있는 명사의 복수형

Children like sheep.
어린이들은 양들을 좋아한다.

원래 단어와 모양이 같은 경우	sheep – sheep 양 fish – fish 물고기 deer – deer 사슴
불규칙하게 변하는 경우	man – men 남자 foot – feet 발 tooth – teeth 치아 woman – women 여자 child – children 어린이
원래 단어가 복수형인 경우 (짝으로 이루어진 것)	scissors 가위 glasses 안경 pants 바지 gloves 장갑 shoes 신발 socks 양말

- **My teeth are white.** 내 이는 하얗다.
- **Touch your feet.** 네 발을 만져라.
- **I need scissors.** 나는 가위가 필요하다.
- **I am wearing pants.** 나는 바지를 입고 있다.

WORDS white 하얀 touch 만지다 wear 입다 pants 바지

Good morning, Mr. Smith.
좋은 아침이에요, Smith 선생님.

Good morning, Lisa. Who is she?
좋은 아침이야, Lisa. 그녀는 누구니?

Oh, this is my sister, Kate.
Kate, this is Mr. Smith.
아, 이쪽은 제 여동생 Kate예요.
Kate, 이쪽은 Smith 선생님이셔.

Nice to meet you, Kate.
I'm her homeroom teacher.
만나서 반갑다, Kate.
나는 그녀의 담임 선생님이야.

Words

homeroom teacher 담임 선생님

★ 우리말에 맞는 문장이 되도록 둘 중 알맞은 것을 고르세요.

01
I have **dog / a dog** .
나는 개 한 마리를 갖고 있다.

02
I want **a orange / an orange** .
나는 오렌지 한 개를 원한다.

03
I have **an eraser / erasers** .
나는 지우개 여러 개를 갖고 있다.

04
I have **a book / books** .
나는 책 한 권을 갖고 있다.

★ 우리말에 맞는 문장이 되도록 밑줄 친 부분을 바르게 고치세요.

05 나는 사과 한 개를 먹는다.

I eat <u>a apple</u>. ⇨ _____

06 나는 우산들을 판다.

I sell <u>umbrellaes</u>. ⇨ _____

07 나는 자 한 개를 갖고 있다.

I have <u>ruler</u>. ⇨ _____

08 나무들에서 잎들이 떨어진다.

<u>Leafs</u> fall from trees. ⇨ _____

We're a family.
우리는 가족입니다.

Words

family 가족 good 좋은 same 같은 class 반, 수업

Sentences

- **We're good friends.** 우리는 좋은 친구들입니다.
- **They're in the same class.** 그들은 같은 반입니다.
- **They're my friends.** 그들은 내 친구들입니다.

Dialogue

Hi, Jake. **We're** in the same class!
안녕, Jake. 우리는 같은 반이야!

Hi, Lucy. Robin is in our class, too.
안녕 Lucy. Robin도 우리 반이야.

1. 명사 – 셀 수 없는 명사의 종류

Harry likes music.
Harry는 음악을 좋아한다.

세상에 하나 뿐인 이름 (고유 명사)	Harry 해리 Eiffel Tower 에펠탑 Korea 한국
일정한 모양을 갖고 있지 않은 물질의 이름(물질 명사)	air 공기 water 물 coffee 커피 milk 우유 tea 차 pizza 피자 bread 빵 meat 고기 ham 햄 cake 케이크 sugar 설탕 money 돈 paper 종이
눈에 보이지 않는 것의 이름 (추상 명사)	love 사랑 peace 평화 honesty 정직함 time 시간

★ 셀 수 없는 명사는 앞에 <u>a나 an을 쓰지 않고, 복수형도 없어요.</u>

- **Jason drinks coffee.** Jason은 커피를 마신다.
- **I need ham and cheese.** 나는 햄과 치즈가 필요하다.
- **Many tourists visit the Eiffel Tower.**
  많은 관광객들이 에펠탑을 방문한다.

WORDS music 음악 drink 마시다 cheese 치즈 visit 방문하다

I'm **happy.**
나는 **행복해.**

Words

happy 행복한 **excited** 신나는 **thirsty** 목마른 **hungry** 배고픈

Sentences

- **I'm excited.** 나는 신나.
- **I'm thirsty.** 나는 목말라.
- **I'm hungry.** 나는 배고파.

Dialogue

 Oh, **I'm** hungry. What time is it?
아, 나는 배고파. 몇 시야?

It's 12 o'clock. It's time for lunch.
12시 정각이야. 점심 먹을 시간이야.

1. 명사 – 셀 수 없는 명사의 단위

I want a cup of coffee.
나는 커피 한 잔을 원한다.

★ 셀 수 없는 명사도 **단위**를 붙이면 셀 수 있게 돼요.

glass	a glass of milk 우유 한 잔 two glass**es** of milk 우유 두 잔
bottle	a bottle of water 물 한 병 two bottle**s** of water 물 두 병
cup	a cup of coffee 커피 한 잔 two cup**s** of coffee 커피 두 잔
piece	a piece of cake 케이크 한 조각 two piece**s** of cake 케이크 두 조각
slice	a slice of cheese 치즈 한 조각 two slice**s** of cheese 치즈 두 조각

- **I drink a glass of milk.** 나는 우유 한 잔을 마신다.
- **I will bring two bottles of water.** 나는 물 두 병을 가져올 것이다

WORDS drink 마시다 milk 우유 bring 가져오다 bottle 병

I'm sad.
나는 **슬프다**.

Words

sad 슬픈 bored 지루한 angry 화난 lonely 외로운

Sentences

- **I'm bored.** 나는 지루해.
- **I'm angry.** 나는 화가 나.
- **I'm lonely.** 나는 외로워.

Dialogue

Are you okay?
너는 괜찮아?

No, I'm not. **I'm** angry.
아니. 나는 화가 나.

Grammar 010

I am a student.
나는 학생이다.

★ **대명사**: 명사를 대신해서 사용하는 말

	단수	복수
1인칭	I 나는	we 우리는
2인칭	you 너는	you 너희는
3인칭	he 그는 she 그녀는 it 그것은	they 그들은/그것들은

- **My mom is a nurse. She is kind.**
  나의 엄마는 간호사이다. 그녀는 친절하다.

- **My uncle is a teacher. He is smart.**
  나의 삼촌은 선생님이다. 그는 똑똑하다.

- **Harry and I like baseball. We are in the same club.**
  Harry와 나는 야구를 좋아한다. 우리는 같은 동아리이다.

WORDS kind 친절한 smart 똑똑한 baseball 야구 same 같은

I'm from **Korea.**
나는 **한국 사람**이야.

Words

home 집 kitchen 부엌 bedroom 침실

Sentences

- **I'm at home.** 나는 집에 있어.
- **I'm in the kitchen.** 나는 부엌에 있어.
- **I'm in the bedroom.** 나는 침실에 있어.

Dialogue

Hello, this is Mina. Where are you?
여보세요, 나 Mina인데. 너 어디야?

I'm at home.
난 집에 있지.

2. 대명사 – 이름을 대신하는 목적격 대명사

I love you.
나는 너를 사랑한다.

	단수	복수
1인칭	me 나를	us 우리를
2인칭	you 너를	you 너희를
3인칭	him 그를 her 그녀를 it 그것을	them 그들을/그것들을

- **I love my parents. They love me.**
  나는 나의 부모님을 사랑한다. 그들은 나를 사랑한다.

- **She is my cousin. I visit her this summer.**
  그녀는 내 사촌이다. 나는 이번 여름에 그녀를 방문한다.

- **They are Dale and Steve. I know them.**
  그들은 Dale과 Steve이다. 나는 그들을 안다.

WORDS parent 부모 love 사랑하다 cousin 사촌 summer 여름

She is in **the hospital.**
그녀는 **병원**에 있어.

Words

on ~ 에 **left** 왼쪽 **next to** ~ 옆에 **behind** ~ 뒤에

Sentences

- **It is on your left.** 그것은 네 왼쪽에 있다.
- **Jane is next to you.** Jane은 네 옆에 있다.
- **The dog is behind you.** 그 개는 네 뒤에 있다.

Dialogue

 Where is the hospital?
병원은 어디에 있나요?

Turn right. **It's on** your left.
우회전 하세요. 그것은 당신의 왼쪽에 있어요.

2. 대명사 - 소유/소속을 나타내는 소유격 대명사

It is my cap.
그것은 내 모자이다.

	단수	복수
1인칭	my 나의	our 우리의
2인칭	your 너의	your 너희의
3인칭	his 그의 her 그녀의 its 그것의	their 그들의/그것들의

- **It is your bag.** 그것은 너의 가방이다.
- **Jimmy is her brother.** Jimmy는 그녀의 남자 형제이다.
- **Our team won.** 우리 팀이 우승했다.

WORDS cap 모자 bag 가방 brother 남자 형제 win 이기다

I'm not hungry.
나는 배고프지 않아.

Words

smart 똑똑한 sure 확실한

Sentences

- **I'm not smart.** 나는 똑똑하지 않아.
- **I'm not sure.** 나는 확실하지 않아.
- **I'm not at home.** 나는 집에 없어.

Dialogue

Hello. This is Judy. Where are you?
여보세요. 나 Judy인데. 너 어디야?

I'm not at home. I'm with James.
나는 집에 없어. 나는 James랑 같이 있어.

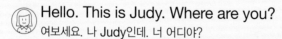

2. 대명사 - 누구의 것인지를 나타내는 소유대명사

It is mine.
그것은 나의 것이다.

소유격 대명사+명사	소유대명사
my shoes 나의 신발	mine 나의 것
your present 너의/너희 선물	yours 너의 것/너희 것
her sneakers 그녀의 운동화	hers 그녀의 것
his bag 그의 가방	his 그의 것
our chairs 우리 의자	ours 우리의 것
their pictures 그들의 사진	theirs 그들의 것

- **The present is yours.** 그 선물은 너의 것이다.
- **The sneakers are hers.** 그 운동화는 그녀의 것이다.
- **The chairs are ours.** 그 의자는 우리의 것이다.

WORDS present 선물 sneakers 운동화 chair 의자

Where are you, Dad?
아빠, 어디 있어요?

**I'm in the kitchen.
Are you hungry?**
부엌에 있지. 배고프니?

Yes, I am.
네, 배고파요.

**Ta-da! Here is chocolate cake.
Help yourself.**
짠! 여기 초콜릿 케이크가 있지. 맛있게 먹으렴.

Words

here 여기 **chocolate cake** 초콜릿 케이크

★ 우리말에 맞는 문장이 되도록 둘 중 알맞은 것을 고르세요.

01
Jason drinks **coffee / a coffee** .
Jason은 커피를 마신다.

02
I drink **a glass / glass** of milk.
나는 우유 한 잔을 마신다.

03
I / You am a student.
나는 학생이다.

04
I love **you / me** .
나는 너를 사랑한다.

★ 우리말에 맞는 문장이 되도록 밑줄 친 부분을 바르게 고치세요.

05 그것은 내 모자이다.

It is **your** cap. ⇨ _____

06 그 선물은 너의 것이다.

The present is **mine.** ⇨ _____

07 나는 이번 여름에 그녀를 방문한다.

I visit **him** this summer. ⇨ _____

08 우리는 같은 동아리이다.

They are in the same club. ⇨ _____

It's not mine.
그것은 내 거 아냐.

Words

fault 잘못 **friendly** 다정한 **here** 여기

Sentences

- **It's not your fault.** 그것은 네 잘못이 아니야.
- **He's not friendly.** 그는 다정하지 않아.
- **She's not here.** 그녀는 여기 없어.

Dialogue

 Is this your laptop?
이거 네 노트북이니?

 No, **it's not** mine.
아니, 그거 내 거 아냐.

Grammar 015

This is your hat.
이것은 네 모자이다.

★ **지시대명사:** 가까이나 멀리 있는 무언가를 가리킬 때 쓰는 말

	하나일 때(단수)	여럿일 때(복수)
가까이 있을 때	**this** 이것	**these** 이것들
멀리 있을 때	**that** 저것	**those** 저것들

- **This** is your cellphone. 이것은 네 휴대전화이다.
- **These are** my shoes. 이것들은 내 신발이다.
- **That** is her toothbrush. 저것은 그녀의 칫솔이다.
- **Those are** his crayons. 저것들은 그의 크레파스이다.

WORDS hat 모자 cellphone 휴대전화 toothbrush 칫솔 crayon 크레파스

They're not mine.
그것들은 내 것이 아니야.

Words

classmate 같은 반 친구 late 늦은 twin 쌍둥이

Sentences

- **They're not classmates.** 그들은 같은 반 친구들이 아니야.
- **We're not late.** 우리는 늦지 않았어.
- **We aren't twins.** 우리는 쌍둥이가 아니야.

Dialogue

 Hurry up!
서둘러!

Don't rush. **We're not** late.
서두르지 마. 우리 늦지 않았어.

3. 동사 – 동사의 종류

I go to school.
나는 학교에 간다.

★ **동사**: 동작이나 상태를 나타내는 말로 문장 안에서는 문장의 주인공이 무엇을 하는지, 어떤 상태인지 나타내는 역할을 함

일반동사	go 가다 eat 먹다 have 가지다 like 좋아하다 jump 뛰다 등
be동사	am/are/is ~이다, (~하)다, ~에 있다
조동사	can ~할 수 있다 may ~일지도 모르다 will ~할 것이다 should ~하는 게 좋다, ~해야 한다 must ~ 해야 한다 등

- **I like singing.** 나는 노래 부르는 것을 좋아한다.
- **I am twelve years old.** 나는 12살이다.
- **I can dance.** 나는 춤을 출 수 있다.

WORDS school 학교 sing 노래하다 twelve 12의 dance 춤추다

This is **my book.**
이것은 **내 책**이다.

Words

book 책 cup 컵 socks 양말 shoes 신발

Sentences

- **That is my cup.** 저것은 내 컵이다.
- **These are my socks.** 이것들은 내 양말이다.
- **Those are your shoes.** 저것들은 네 신발이다.

Dialogue

Is this your cup?
이거 네 컵이야?

No, **that is** my cup.
아니, 저게 내 컵이야.

3. 동사 – 일반동사의 현재 시제

I like spring.
나는 봄을 좋아한다.

★ **시제:** 어떤 일이 일어나는 시간의 범위
  현재 시제: 현재 반복되는 행위나 습관, 일반적인 사실 등을 나타냄

★ 시제에 따라 동사의 모양이 바뀌는데, 일반동사로 현재 시제를 나타낼 때 주어가 I,
  you, 복수인 경우 **동사의 원래 모양 그대로** 써요.

live **동사** 살다

> I **live** in Seoul. 나는 서울에 산다.
> 현재 서울에 살고 있음

- I go **to church every Sunday.** 나는 일요일마다 교회에 간다.
- I study **English every day.** 나는 매일 영어 공부를 한다.
- I speak **Korean.** 나는 한국말을 한다.

WORDS spring 봄 church 교회 every day 매일 speak 말하다

That's **too bad.**
그것 참 안됐다.

Words

bad 안 좋은 good 좋은 idea 생각 right 옳은 true 사실인

Sentences

- That's **a good idea.** 그것은 좋은 생각이야.
- That's **not right.** 그건 틀렸어.
- That's **not true.** 그건 사실이 아냐.

Dialogue

 I'm sick. I can't play soccer with you.
나는 아파. 난 너랑 축구 못해.

That's too bad.
그것 참 안됐다.

3. 동사 – 일반동사의 현재 시제

Peter likes winter.
Peter는 겨울을 좋아한다.

★ 일반동사로 현재 시제를 나타낼 때 <u>주어가 3인칭 단수인 경우</u>: **일반동사 + -(e)s**

3인칭 단수 주어 (He/She/It Peter, My sister 등) ➕	대부분의 경우	+ -s	eat**s**, like**s**, make**s**, love**s**
	o, s, sh, ch, x로 끝날 때	+ -es	wash**es**, teach**es**, do**es**, fix**es**
	자음+-y	y 빼고 -ies	study → stud**ies**, cry → cr**ies**
	모음+-y	+ -s	play**s**, enjoy**s**, stay**s**, buy**s**
	예외: have → **has**		

- **He does his homework.** 그는 그의 숙제를 한다.
- **She plays the guitar every day.** 그녀는 기타를 매일 연주한다.
- **My sister has big eyes.** 내 여동생은 큰 눈을 갖고 있다.

WORDS winter 겨울 homework 숙제 sister 여자 형제 eye 눈

Are you **hungry?**
너는 배고프니?

Words

ready 준비가 된 **cold** 추운 **sick** 아픈

Sentences

- **Are you ready?** 너는 준비가 됐니?
- **Are you cold?** 너는 춥니?
- **Are you sick?** 너는 아프니?

Dialogue

 You look tired. **Are you** sick?
너는 피곤해 보인다. 너는 아프니?

No, I'm okay.
아니, 난 괜찮아.

3. 동사 – be동사의 현재 시제

I am Jason.
나는 Jason이다.

★ **be동사**는 앞에 오는 주어가 무엇인지, 그리고 어떠한 상태인지 설명할 때 써요.

★ **be동사의 현재 시제**는 주어에 따라 그 모양이 am, are, is 중 하나로 바뀌어요.

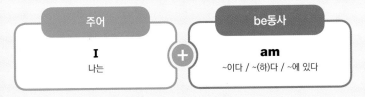

주어		be동사
I 나는	+	**am** ~이다 / ~(하)다 / ~에 있다

- **I am a singer.** 나는 가수이다.
- **I am happy.** 나는 행복하다.
- **I am in the living room.** 나는 거실에 있다.
- **I am in the kitchen.** 나는 부엌에 있다.

WORDS singer 가수 happy 행복하다 living room 거실 kitchen 부엌

Is he **your uncle?**
그는 **네 삼촌이야?**

Words

uncle 삼촌 aunt 이모 cat 고양이 vase 화분

Sentences

- Is she **your aunt?** 그녀는 네 이모야?
- Is it **a cat?** 그것은 고양이야?
- Is this **your vase?** 이것은 네 화분이야?

Dialogue

 Who is he? **Is he** your uncle?
그는 누구야? 네 삼촌이셔?

No, he is my dad.
아니. 그는 우리 아빠야.

3. 동사 – be동사의 현재 시제

She is my mother.
그녀는 내 어머니이다.

★ 주어가 3인칭 단수인 경우 be동사 **is**를 써요.

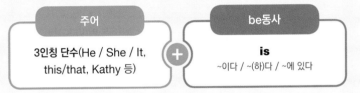

주어		be동사
3인칭 단수(He / She / It, this/that, Kathy 등)	+	**is** ~이다 / ~(하)다 / ~에 있다

- **He is my father.** 그는 내 아버지이다.
- **It is hers.** 그것은 그녀의 것이다.
- **She is friendly.** 그녀는 다정하다.
- **Kathy is from Singapore.** Kathy는 싱가폴 사람이다.

WORDS mother 어머니 father 아버지 friendly 다정한

Is this your vase?
이거 네 화분이야?

No, it isn't. That is mine.
아니. 저게 내 거야.

Let's plant flowers there!
거기에 꽃을 심자!

That's a good idea.
좋은 생각이야.

What is your sister doing? She can join us.
네 여동생은 뭐해? 우리랑 같이 해도 되는데.

She's not here.
그녀는 여기 없어.

Words

plant (꽃을) 심다 **there** 거기에, 그곳에 **here** 여기에

★ 우리말에 맞는 문장이 되도록 둘 중 알맞은 것을 고르세요.

01
This / That is your hat.
이것은 네 모자이다.

02
Those / These are my shoes.
이것들은 내 신발이다.

03
I **am / is** a student.
나는 학생이다.

04
Peter **likes / like** winter.
Peter는 겨울을 좋아한다.

★ 우리말에 맞는 문장이 되도록 밑줄 친 부분을 바르게 고치세요.

05 그것은 그녀의 것이다.
It **am** hers. ⇨ _____

06 이것은 네 휴대전화이다.
That is your cellphone. ⇨ _____

07 나는 한국어를 한다.
I **speaks** Korean. ⇨ _____

08 그는 그의 숙제를 한다.
He **do** his homework. ⇨ _____

I have a cap.
나는 **모자를** 갖고 있다.

Words

ruler 자 **new** 새로운 **apron** 앞치마

Sentences

- **I have a ruler.** 나는 자를 갖고 있다.
- **I have a new pencil.** 나는 새 연필을 갖고 있다.
- **I have an apron.** 나는 앞치마를 갖고 있다.

Dialogue

Do you have a pen?
너는 펜을 갖고 있니?

No, I don't. **I have** a new pencil.
아니 없어. 나는 새 연필을 갖고 있어.

Grammar 022

You are a cook.
당신은 요리사이다.

★ <u>주어가 너(you) 또는 복수</u>인 경우 be동사 **are**를 써요.

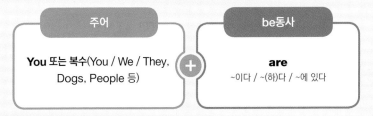

주어		be동사
You 또는 복수(You / We / They, Dogs, People 등)	+	**are** ~이다 / ~(하)다 / ~에 있다

- **We are leaders.** 우리는 리더들이다.
- **They are my classmates.** 그들은 내 반 친구들이다.
- **Dogs are cute.** 개들은 귀엽다.
- **Chris and Kathy are in the classroom.**
  Chris와 Kathy는 교실에 있다.

WORDS cook 요리사 leader 리더 classmate 반 친구 classroom 교실

I have long hair.
나는 긴 머리카락을 갖고 있다.

Words

long 긴 eye 눈 small 작은 nose 코 curly 곱슬인

Sentences

- I have **green eyes.** 나는 초록 눈을 갖고 있어.
- I have **a small nose.** 나는 작은 코를 갖고 있어.
- I have **curly hair.** 나는 곱슬 머리를 갖고 있어.

Dialogue

What do you look like?
너는 어떻게 생겼어?

I have green eyes.
나는 초록 눈을 갖고 있어.

3. 동사 - 조동사 can

Frogs can jump.
개구리는 뛸 수 있다.

★ **조동사**는 동사 앞에서 동사를 '돕는' 역할을 해요. 조동사 뒤에 오는 동사는 주어와 상관없이 원래 형태 그대로 써요.

★ **조동사 can**은 동사의 뜻에 '~할 수 있다', '~해도 된다'라는 의미를 더해요.

모든 주어		조동사 + 동사원형	
Frogs 개구리는	+	**can** ~할 수 있다	jump 뛰다

- **She can <u>play</u> the piano.** 그녀는 피아노를 연주할 수 있다.
- **Chris can <u>teach</u> us.** Chris는 우리를 가르칠 수 있다.
- **We can <u>use</u> the computers.** 우리는 그 컴퓨터를 사용할 수 있다.

WORDS frog 개구리 teach 가르치다 use 사용하다 computer 컴퓨터

I have a cold.
나는 **감기에 걸렸다**.

Words

headache 두통 stomachache 복통 fever 열

Sentences

- I have **a headache.** 나는 두통이 있다.
- I have **a stomachache.** 나는 복통이 있다.
- I have **a fever.** 나는 열이 난다.

Dialogue

I have a headache.
저는 머리가 아파요.

Oh, **you have** a fever. Take this medicine.
아, 너는 열이 있구나. 이 약을 먹어라.

3. 동사 - 조동사 should

You should hurry.
너는 서두르는 게 좋겠다.

★ **조동사 should**는 동사의 뜻에 '~해야 한다', '~하는 게 좋겠다'라는 충고, 의무의 의미를 더해요.

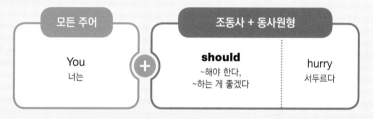

모든 주어		조동사 + 동사원형	
You 너는	+	**should** ~해야 한다, ~하는 게 좋겠다	hurry 서두르다

- **I should go home.** 나는 집에 가야 한다.
- **She should take a nap.** 그녀는 낮잠을 자는 게 좋겠다.
- **We should recycle plastic bottles.**
  우리는 플라스틱 병을 재활용해야 한다.

WORDS hurry 서두르다 take a nap 낮잠을 자다 recycle 재활용하다

Conversation 025

I have PE.
나는 **체육 수업이** 있다.

Words

PE(physical education) 체육 science 과학 art 미술

Sentences

- I have **English.** 나는 영어 수업이 있다.
- I have **science.** 나는 과학 수업이 있다.
- We have **art.** 우리는 미술 수업이 있다.

Dialogue

 I have PE today.
나는 오늘 체육 수업이 있어.

Me, too. I'm excited.
나도 그래. 난 신나.

Grammar 025

You must go.
너는 가야 한다.

★ **조동사 must**는 동사의 뜻에 '~해야 한다'라는 '의무'의 의미를 더해요.

모든 주어		조동사 + 동사원형	
You 너는	+	**must** ~해야 한다	go 가다

- **I must study hard.** 나는 공부를 열심히 해야 한다.
- **We must clean the classroom.** 우리는 교실을 청소해야 한다.
- **They must cross the bridge.** 그들은 그 다리를 건너야 한다.
- **Chris must call his parents.** Chris는 그의 부모님께 전화해야 한다.

WORDS study 공부하다 hard 열심히 clean 청소하다 cross 건너다 bridge 다리

Do you have a pencil?
너는 연필이 있니?

Words

crayon 크레용 math 수학 runny nose 콧물

Sentences

- **Do you have crayons?** 너는 크레용 있니?
- **Do you have math today?** 너는 오늘 수학 수업이 있니?
- **Do you have a runny nose?** 너는 콧물이 흐르니?

Dialogue

Do you have math today?
너는 오늘 수학 수업 있니?

Yes, I do. It is my favorite class.
응 있어. 그건 내가 정말 좋아하는 수업이야.

3. 동사 - 조동사 may

We may fail.
우리는 실패할지도 모른다.

★ **조동사 may**는 동사의 뜻에 '~할지도 모른다'라는 '추측'의 의미를 더해요.

모든 주어		조동사 + 동사원형	
We 우리는	+	**may** ~일지도 모른다	fail 실패하다

- **He may <u>know</u> the secret.** 그는 그 비밀에 대해 알지도 모른다.
- **The test may <u>be</u> difficult.** 그 시험은 어려울지도 모른다.
  - be동사의 원래 동사 형태는 be예요.
- **She may <u>become</u> a leader.** 그녀는 리더가 될지도 모른다.
- **Birds may <u>eat</u> some plastic.** 새가 약간의 플라스틱을 먹을지도 모른다.

WORDS fail 실패하다 secret 비밀 difficult 어려운 become 되다 bird 새

I don't have a pencil.
나는 연필이 없다.

Words

brush 붓 glue 풀 scissors 가위

Sentences

- **I don't have a brush.** 나는 붓이 없어.
- **I don't have glue.** 나는 풀이 없어.
- **I don't have scissors.** 나는 가위가 없어.

Dialogue

 Oh, **I don't have** a brush.
아, 나는 붓이 없네.

I have another one. I can lend it to you.
나는 하나 더 있어. 네게 그걸 빌려 줄 수 있어.

3. 동사 – have[has] to

I have to go.
나는 가야 한다.

★ **have to**는 must와 마찬가지로 '~해야 한다'라는 의무의 의미를 더해요.

주어	have[has to] + 동사원형	
I / You, 복수 주어	**have to** ~해야 한다	go 가다
3인칭 단수 주어	**has to** ~해야 한다	

- **You have to <u>brush</u> your teeth.** 너는 양치를 해야 한다.
- **He has to <u>help</u> others.** 그는 다른 사람을 도와야 한다.

WORDS brush one's teeth 양치하다 help 돕다 others 다른 사람들

Do you have math today?
너는 오늘 수학 수업이 있니?

Yes, I do. **I have** art, too.
응 있어. 나는 미술 수업도 있어.

Oh, **I don't have** crayons.
Do you have crayons?
아, 나는 크레용이 없어.
너는 크레용 있어?

No, I don't. **I have** paints.
아니, 없어. 나는 물감이 있어.

Words

today 오늘 **too** 또한 **paint** 물감. 페인트

★ 우리말에 맞는 문장이 되도록 둘 중 알맞은 것을 고르세요.

01
You **is / are** a cook.
당신은 요리사이다.

02
We **are / am** leaders.
우리는 리더들이다.

03
She **must / can** play the piano.
그녀는 피아노를 연주할 수 있다.

04
He may **knows / know** the secret.
그는 그 비밀에 대해 알지도 모른다.

★ 우리말에 맞는 문장이 되도록 밑줄 친 부분을 바르게 고치세요.

05 그들은 내 반 친구들이다.

He is my classmates. ⇨ _____

06 우리는 그 컴퓨터를 사용할 수 있다.

We **use can** the computers. ⇨ _____

07 Chris는 그의 부모님께 전화해야 한다.

Chris must **calls** his parents. ⇨ _____

08 그는 다른 사람을 도와야 한다.

He **have to** help others. ⇨ _____

I like **winter.**
나는 **겨울을 좋아해.**

Words

winter 겨울 chicken 닭고기 spring 봄

Sentences

- I like **English.** 나는 영어를 좋아해.
- I like **chicken.** 나는 닭고기를 좋아해.
- I like **spring.** 나는 봄을 좋아해.

Dialogue

 We have many classes. What class do you like?
우리는 많은 수업을 들어. 너는 무슨 수업을 좋아하니?

I like English.
나는 영어를 좋아해.

4. 형용사 - 형용사의 종류

I am a happy girl.
나는 행복한 소녀이다.

★ **형용사**: 명사의 상태, 크기, 모양, 감정 등을 설명하는 말

크기/모양	색깔	상태	감정	날씨
big 큰 small 작은 long 긴 tall 키가 큰 short 짧은	red 빨간 green 초록 blue 파란 black 검은 white 하얀	pretty 예쁜 cute 귀여운 ugly 못생긴 old 늙은, 오래된 new 새로운	happy 행복한 sad 슬픈 angry 화난 glad 기쁜 tired 피곤한	hot 더운 cold 추운 warm 따뜻한 rainy 비 오는 sunny 맑은

- **I have a big mouth.** 나는 큰 입을 갖고 있다.
- **I have a black skirt.** 나는 검정 치마를 갖고 있다.
- **I have an old bag.** 나는 오래된 가방을 갖고 있다.

WORDS girl 소녀 mouth 입 skirt 치마

I like **cook**ing.
나는 **요리하는** 것을 좋아해.

Words

take pictures 사진을 찍다   walk 걷다   jump rope 줄넘기하다

Sentences

- I like **tak**ing pictures. 나는 사진 찍는 것을 좋아해.
- I like **walk**ing. 나는 걷는 것을 좋아해.
- I like **jump**ing rope. 나는 줄넘기하는 것을 좋아해.

Dialogue

 Do you like PE?
너는 체육을 좋아하니?

Yes, I do. **I like** jump**ing** rope.
응. 나는 줄넘기하는 것을 좋아해.

Grammar 030

4. 형용사 – 형용사 활용

I have short hair.
나는 짧은 머리카락을 갖고 있다.

★ **형용사**는 보통 명사 앞에 와서 그 명사를 꾸미는 역할을 해요.

형용사	명사
long 긴 tall 높은 brown 갈색의 cold 추운	snake 뱀 building 건물 leaves 이파리들 winter 겨울

- **A long snake is on the tree.** 긴 뱀 한 마리가 나무 위에 있다.
- **The bookstore is in the tall building.** 서점은 그 높은 건물 안에 있다.
- **I can see brown leaves in fall.** 나는 가을에 갈색 잎들을 볼 수 있다.
- **I like cold winter.** 나는 추운 겨울을 좋아한다.

WORDS short 짧은 hair 머리카락 bookstore 서점 see 보다 fall 가을

Do you like animals?
너는 동물을 좋아하니?

Words

purple 보라색 vegetable 채소 movie 영화

Sentences

- **Do you like purple?** 너는 보라색을 좋아하니?
- **Do you like vegetables?** 너는 채소를 좋아하니?
- **Do you like movies?** 너는 영화를 좋아하니?

Dialogue

 I'm baking bread. **Do you like** bread?
나는 빵을 굽고 있어. 너는 빵 좋아하니?

Yes, I do. It smells good!
응, 좋아해. 냄새가 좋다!

4. 형용사 - 형용사 활용

I am happy.
나는 행복하다.

★ **형용사**는 <u>be동사 뒤에 와서</u> 주어의 특징이나 성질을 나타낼 수 있어요.

주어	be동사	형용사	
I 나는	am ~(하)다	smart 똑똑한	**I am smart.** 나는 똑똑하다. 주어인 I가 똑똑하다는 특징을 나타냄
You 너는	are ~(하)다	pretty 예쁜	**You are pretty.** 너는 예쁘다. 주어인 You가 예쁘다는 특징을 나타냄
He 그는	is ~(하)다	nice 멋진	**He is nice.** 그는 멋지다. 주어인 He가 멋지다는 특징을 나타냄

- **You** are handsome. 너는 잘생겼다.
- **He** is lonely. 그는 외롭다.
- **I** am hungry. 나는 배고프다.

WORDS handsome 잘생긴 lonely 외로운 hungry 배고픈

I don't like chicken.
나는 닭고기를 좋아하지 않아.

Words

hiking 하이킹 spider 거미 cucumber 오이

Sentences

- **I don't like hiking.** 나는 하이킹을 좋아하지 않아.
- **I don't like spiders.** 나는 거미를 좋아하지 않아.
- **I don't like cucumbers.** 나는 오이를 좋아하지 않아.

Dialogue

Look! A big spider is on the window.
봐 봐! 창문에 큰 거미가 있어.

I don't like spiders.
나는 거미를 좋아하지 않아.

4. 형용사 – 형용사 활용

I live on the eighth floor.

나는 8층에 산다.

기수: 개수나 나이, 시간, 연도 등을 나타낼 때	서수: 날짜, 층수와 같이 순서를 나타낼 때(기수 뒤에 -th를 붙여서 만듦)
one 하나 two 둘 three 셋 four 넷 five 다섯 six 여섯 seven 일곱 eight 여덟 nine 아홉 ten 열 … 등	first 첫째 second 둘째 third 셋째 fourth 넷째 fifth 다섯째 sixth 여섯째 seventh 일곱째 eighth 여덟째 ninth 아홉째 tenth 열 번 째 … 등

- **He is the third son.** 그는 셋째 아들이다.
- **You have three tickets.** 너는 세 장의 티켓을 갖고 있다.
- **Today is the ninth day of March.** 오늘은 3월 9일이다.
- **I am nine years old.** 나는 9살이다.

WORDS floor 층 son 아들 ticket 티켓, 표 year 해, 년

Conversation 033

My favorite season is summer.
내가 정말 좋아하는 계절은 여름이다.

Words

season 계절 subject 과목 food 음식

Sentences

- **My favorite subject is English.**
  내가 정말 좋아하는 과목은 영어이다.

- **My favorite food is pizza.**
  내가 정말 좋아하는 음식은 피자이다.

Dialogue

 What's your favorite season?
네가 정말 좋아하는 계절은 무엇이니?

My favorite season is summer.
내가 정말 좋아하는 계절은 여름이야.

4. 형용사 – 지시 형용사

This wallet is mine.
이 지갑은 내 것이다.

★ **지시 형용사** : 명사 앞에 위치하여 그 명사와의 거리를 나타내는 형용사

	하나일 때	여럿일 때
가까이 있을 때	**this** + 단수 명사 이 ~	**these** + 복수 명사 이 ~
멀리 있을 때	**that** + 단수 명사 저 ~	**those** + 복수 명사 저 ~

- **This notebook is mine.** 이 공책은 내 것이다.
- **These notebooks are mine.** 이 공책들은 내 것이다.
- **That painting is beautiful.** 저 그림은 아름답다.
- **Those paintings are beautiful.** 저 그림들은 아름답다.

WORDS wallet 지갑 notebook 공책 painting 그림 beautiful 아름다운

I'm good at **math**.
나는 **수학을** 잘한다.

Words

baseball 야구 singing 노래하기 swimming 수영하기

Sentences

- I'm good at **baseball**. 나는 야구를 잘해.
- I'm good at **singing**. 나는 노래하는 것을 잘해.
- I'm not good at **swimming**. 나는 수영을 잘 못해.

Dialogue

 Do you like music?
너는 음악을 좋아하니?

Yes, I do. **I'm good at** singing.
응 좋아해. 나는 노래를 잘 불러.

4. 형용사 – 수량 형용사 many

I read many <u>books.</u>
나는 많은 <u>책들을</u> 읽는다.

★ **수량 형용사:** 명사의 수나 양을 나타내는 형용사

★ 셀 수 있는 명사의 '많은' 수를 나타낼 때 수량 형용사 **many**를 써요. many 뒤에는 반드시 <u>복수 명사</u>가 와요.

many 많은	+	복수 명사	friends 친구들 boxes 상자들 countries 나라들 wolves 늑대들

- **I have many <u>friends.</u>** 나는 많은 친구들이 있다.
- **I need many <u>boxes.</u>** 나는 많은 상자들을 필요로 한다.
- **I can visit many <u>countries.</u>** 나는 많은 나라들을 방문할 수 있다.

WORDS read 읽다 visit 방문하다 country 나라

What's your favorite season?
네가 정말 좋아하는 계절은 언제야?

My favorite season is summer.
I like swimming. **I'm good at**
diving, too. **Do you like** summer?
내가 정말 좋아하는 계절은 여름이야. 나는 수영
을 좋아해. 다이빙도 잘하고. 너는 여름 좋아해?

No, I don't. I like winter.
I'm good at skiing.
아니, 나는 겨울을 좋아해. 나는 스키를 잘 타.

Wow, cool!
와, 멋지다!

Words

dive 다이빙하다　**winter** 겨울　**ski** 스키를 타다

★ 우리말에 맞는 문장이 되도록 둘 중 알맞은 것을 고르세요.

01
I have a **happy / big** girl.
나는 행복한 소녀이다.

02
I have a **green / black** skirt.
나는 검정 치마를 갖고 있다.

03
I am **nine / ninth** years old.
나는 9살이다.

04
I have **short / long** hair.
나는 짧은 머리카락을 갖고 있다.

★ 우리말에 맞는 문장이 되도록 밑줄 친 부분을 바르게 고치세요.

05 나는 배고프다.

I **hungry am.** ⇨ _____

06 나는 추운 겨울을 좋아한다.

I like **winter cold.** ⇨ _____

07 나는 많은 상자들을 필요로 한다.

I need **box many.** ⇨ _____

08 그는 셋째 아들이다.

He is the **three** son. ⇨ _____

I want **a red T-shirt.**
나는 **빨간 티셔츠를** 원해요.

Words

noodles 국수, 면류 coffee 커피 water 물

Sentences

- I want **noodles.** 나는 국수를 원해요.
- I want **some coffee.** 나는 커피를 좀 원해요.
- I want **some water.** 나는 물을 좀 원해요.

Dialogue

 I'm thirsty. **I want** some water.
나는 목말라. 나는 물을 좀 마시고 싶은데.

I don't have water.
나는 물이 없어.

4. 형용사 – 수량 형용사 much

I drink much <u>water.</u>
나는 많은 <u>물을</u> 마신다.

★ 셀 수 없는 명사의 '많은' 양을 나타낼 때 수량 형용사 **much**를 써요.

| much
많은 | + | 셀 수 없는
명사 | money 돈 time 시간 water 물 sugar 설탕
food 음식 → 명사의 원래 형태 그대로 씀 |

- **I spend** much <u>**money.**</u> 나는 많은 돈을 쓴다.
- **They have** much <u>**time.**</u> 그들은 많은 시간이 있다.
- **We eat** much <u>**food.**</u> 우리는 많은 음식을 먹는다.

WORDS spend 쓰다 money 돈 time 시간 food 음식

I want to **be a pilot.**
나는 **조종사가** 되고 싶다.

Words

police officer 경찰관 eat 먹다 buy 사다 sneakers 운동화

Sentences

- I want to **be a police officer.** 나는 경찰관이 되고 싶어.
- I want to **eat more.** 나는 더 먹고 싶다.
- I want to **buy sneakers.** 나는 운동화를 사고 싶다.

Dialogue

I want to be a movie star. What about you?
나는 영화배우가 되고 싶어. 넌 어때?

I want to be a police officer.
나는 경찰관이 되고 싶어.

4. 형용사 – 수량 형용사 a lot of[lots of]

I have **a lot of** <u>cars.</u>
나는 많은 <u>차를</u> 갖고 있다.

★ 명사의 종류와 상관없이 '많은'을 나타낼 때 **a lot of**나 **lots of**를 쓸 수 있어요.

a lot of [lots of] 많은 + 복수 명사, 셀 수 없는 명사 — people 사람들 deer 사슴 time 시간 housework 집안일 information 정보

- **We do** a lot of[lots of] <u>**housework.**</u> 우리는 많은 집안일을 한다.
- **The website has** a lot of[lots of] <u>**information.**</u>
  그 웹 사이트는 많은 정보를 갖고 있다.
- A lot of[lots of] <u>**people**</u> **work hard.** 많은 사람들은 열심히 일한다.
- **Wolves hunt** a lot of[lots of] <u>**deer.**</u> 늑대들은 많은 사슴들을 사냥한다.

WORDS website 웹 사이트 wolf 늑대 hunt 사냥하다 deer 사슴

I don't want to go skiing.
나는 스키 타러 가고 싶지 않아.

Words

cry 울다 fight 싸우다 any more 더 이상 waste 낭비하다

Sentences

- **I don't want to cry.** 나는 울고 싶지 않아.
- **I don't want to fight with you any more.** 나는 더 이상 너랑 싸우고 싶지 않아.
- **I don't want to waste my money.** 나는 내 돈을 낭비하고 싶지 않아.

Dialogue

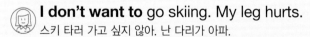

I don't want to go skiing. My leg hurts.
스키 타러 가고 싶지 않아. 난 다리가 아파.

Oh, no! I'm sorry. Get well soon.
저런! 유감이야. 쾌유를 빌어.

4. 형용사 – 수량 형용사 some

I want some <u>water</u>.
나는 약간의 <u>물을</u> 원한다.

★ 약간의 수나 양을 나타낼 때 주로 긍정문과 의문문에서 **some**을 쓸 수 있어요.

★ 의문문에서 보통 권유나 부탁을 할 때 '~ 좀'이라는 뜻으로 쓰여요.

some 약간의 ~좀	+	복수 명사, 셀 수 없는 명사	bread 빵 coffee 커피 milk 우유 advice 충고 flowers 꽃 tips 조언 questions 질문 skills 기술 water 물

- **I need some <u>milk</u>.** 나는 약간의 우유를 필요로 한다.
- **I have some <u>questions</u>.** 나는 몇 가지 질문이 있어요.
- **Do you need some <u>milk</u>?** 너는 우유 좀 필요하니?
- **Do you want some <u>tea</u>?** 너는 차를 좀 원하니?

WORDS milk 우유 question 질문 tea 차

Do you want some water?
너는 물을 좀 원하니?

Words

fruit 과일 **join** 함께 하다 **full** 배부른, 양이 찬

Sentences

- **Do you want some more?** 너는 좀 더 원하니?
- **Do you want some fruit?** 너는 과일을 좀 원하니?
- **Do you want to join us?** 너는 우리랑 같이 할래?

Dialogue

Do you want some more?
너는 좀 더 원하니?

No, thanks. I'm full.
아니, 괜찮아. 나는 배불러.

4. 형용사 – 수량 형용사 any

I don't have any problems.
나는 전혀 문제 없다.

★ 약간의 수나 양을 나타낼 때 **any**를 쓸 수 있어요.

★ 부정문에서는 '아무것도, 어떤 하나의, 조금도'라는 뜻으로 쓰이고, 의문문에서는 '무슨, 무엇인가, 좀'이라는 뜻으로 쓰여요.

| any | + | 복수 명사, 셀 수 없는 명사 | questions 질문 plans 계획 meat 고기
evidence 증거 chance 기회 help 도움 |

- **I don't need any <u>plans</u>.** 나는 어떤 계획도 필요로 하지 않는다.
- **We don't eat any <u>meat</u>.** 우리는 어떤 고기도 먹지 않는다.
- **Do you have any <u>problems</u>?** 너는 무슨 문제라도 있니?
- **Do you need any <u>help</u>?** 너는 도움이 좀 필요하니?

WORDS problem 문제 plan 계획; 계획하다 meat 고기 help 도움; 돕다

What do you want to **be?**
너는 무엇이 **되고** 싶니?

Words

do 하다 know 알다 take a walk 산책하다

Sentences

- What do you want to **do?** 너는 무엇을 하고 싶니?
- What do you want to **know?** 너는 무엇을 알고 싶니?
- What do you want to **eat?** 너는 무엇을 먹고 싶니?

Dialogue

 What do you want to do?
너는 무엇을 하고 싶니?

I want to take a walk.
나는 산책하고 싶어.

4. 형용사 – 수량 형용사 a few

I have a few problems.
나는 약간의 문제가 있다.

★ 약간의 수나 양을 나타낼 때 **a few**를 쓸 수도 있어요.

| a few
몇몇의,
약간의 | + | 복수 명사 | secrets 비밀들 problems 문제들
onions 양파들 plates 접시들
hours 시간들 words 단어들 |

- **We share a few <u>secrets</u>.** 우리는 몇 가지 비밀을 안다.
- **It takes a few <u>hours</u>.** 몇 시간이 걸린다.
- **You can cut a few <u>onions</u>.** 너는 양파 몇 개를 잘라도 된다.
- **There are a few <u>plates</u> on the table.** 탁자 위에 몇 개의 접시들이 있다.

WORDS problem 문제 share 공유하다 take (시간이) 걸리다 cut 자르다

I enjoy **walking** in the park.

나는 공원에서 걷는 것을 즐겨.

Words

spend (시간을) 보내다 **park** 공원 **joke** 농담

Sentences

- I enjoy **spending** time with my family.
  나는 내 가족과 시간 보내는 것을 즐겨.

- I enjoy **helping** other people.
  나는 다른 사람 돕는 것을 즐겨.

- I enjoy **making** jokes. 나는 농담하는 것을 즐겨.

Dialogue

What do you usually do on the weekends?
너는 주말마다 보통 뭐해?

I enjoy spend**ing** time with my family.
나는 내 가족과 시간 보내는 것을 즐겨.

4. 형용사 – 수량 형용사 a little

I have a little money.
나는 약간의 돈을 갖고 있다.

★ 약간의 양을 나타낼 때 a little을 쓸 수도 있어요.

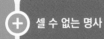

| a little
약간의
조금의 | + | 셀 수 없는 명사 | money 돈 pepper 후추 salt 소금
butter 버터 homework 숙제 honey 꿀 |

- **We eat a little meat.** 우리는 약간의 고기를 먹는다.
- **They need a little time.** 그들은 시간이 조금 필요하다.
- **You can add a little sauce to your food.**
  너는 네 음식에 소스를 좀 추가할 수 있다.
- **I eat bread with a little butter.** 나는 약간의 버터와 함께 빵을 먹는다.

WORDS add 더하다, 추가하다 sauce 소스 bread 빵 with ~와 함께

What do you want to be in the future?

너는 장래에 무엇이 되고 싶어?

**I want to be a pilot.
I want to fly in the sky.**

나는 조종사가 되고 싶어.
나는 하늘을 날기를 원해.

**That's cool! I want to be a singer.
I'm good at singing.**

멋있다! 나는 가수가 되고 싶어.
나는 노래를 잘하거든.

You'll be a great singer.

넌 훌륭한 가수가 될 거야.

Words

future 미래 **fly** 날다 **sky** 하늘 **cool** 멋진

★ 우리말에 맞는 문장이 되도록 둘 중 알맞은 것을 고르세요.

01
We do **many / a lot of** housework.
우리는 많은 집안일을 한다.

02
I need **some / many** milk.
나는 약간의 우유를 필요로 한다.

03
We don't eat **any / some** meat.
우리는 어떤 고기도 먹지 않는다.

04
We share **a few / a little** secrets.
우리는 몇 가지 비밀을 안다.

★ 우리말에 맞는 문장이 되도록 밑줄 친 부분을 바르게 고치세요.

05 우리는 많은 음식을 먹는다.

We eat **many food.** ⇨ _____

06 너는 무슨 문제라도 있니?

Do you have **problems any?** ⇨ _____

07 몇 시간이 걸린다.

It takes a few **hour.** ⇨ _____

08 나는 약간의 돈을 갖고 있다.

I have a little **moneys.** ⇨ _____

I need your help.
나는 네 도움이 필요해.

Words

glasses 안경 fresh 신선한 air 공기 hobby 취미

Sentences

- I need **glasses.** 나는 안경이 필요해.
- I need **some fresh air.** 나는 맑은 공기가 좀 필요해.
- I need **a hobby.** 나는 취미가 필요해.

Dialogue

I need a hobby.
나는 취미가 필요해.

I'm in the soccer club. Do you want to join us?
나는 축구 동아리 소속이야. 너도 같이 할래?

4. 형용사 – 수량 형용사 all

All <u>cats</u> have tails.
모든 <u>고양이들은</u> 꼬리를 갖고 있다.

★ **all**은 '모든'이라는 뜻을 나타내며 복수 명사나 셀 수 없는 명사 앞에 쓸 수 있어요.

★ 명사 앞에 the나 소유격 대명사, 지시 형용사 등이 오기도 해요.

all 모든	+	(the/소유격 대명사/지시 형용사) + 복수 명사, 셀 수 없는 명사	birds 새들 your plans 네 계획들 the rules 그 규칙들 the world 세계

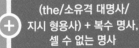

- **All <u>birds</u> have wings.** 모든 새들은 날개를 갖고 있다.
- **I know all <u>your plans</u>.** 나는 네 모든 계획을 알고 있다.
- **I can invite all <u>my friends</u>.** 나는 모든 친구들을 초대할 수 있다.
- **You can spend all <u>your money</u>.** 너는 네 모든 돈을 사용할 수 있다.

WORDS tail 꼬리 wing 날개 invite 초대하다

I need to **get up early.**
나는 **일찍 일어날** 필요가 있다.

Words

take notes 필기하다 history 역사 to-do list 해야 할 일 리스트

Sentences

- **I need to take notes.** 나는 필기할 필요가 있다.
- **We need to study Korean history.** 우리는 한국 역사를 공부할 필요가 있어.
- **You need to make a to-do list.** 너는 할 일 목록을 만들 필요가 있어.

Dialogue

 I'm sorry I'm late.
늦어서 죄송해요.

Don't be late! **You need to** get up early.
늦지 않도록 해! 너는 일찍 일어날 필요가 있어.

4. 형용사 - 수량 형용사 every

I exercise every <u>day</u>.
나는 매일 운동한다.

★ every는 '모든'이라는 뜻을 나타내며 뒤에 단수 명사가 와요.

★ '매 ~', '~마다'라는 의미를 나타낼 때도 every를 써요.

| every 모든 매 ~/~마다 | + 단수 명사 | student 학생 day 일, 날 dog 개 morning 아침 flavor 맛 month 달 |

- **I like every <u>flavor</u> of ice cream.** 나는 아이스크림의 모든 맛을 좋아한다.
- **I visit every <u>house</u> in my village.** 나는 우리 마을에 있는 모든 집을 방문한다.
- **Every <u>student</u> should wear a school uniform.** 모든 학생은 교복을 입어야 한다.

WORDS exercise 운동하다 flavor 맛 house 집 village 마을

I don't need your help.
나는 네 도움이 필요 없어.

Words

expensive 비싼 clothes 옷 transfer 전학하다 semester 학기

Sentences

- **I don't need expensive clothes.** 나는 비싼 옷이 필요 없어.
- **I don't need to transfer to another school.**
  나는 다른 학교로 전학 갈 필요가 없어.
- **You don't need to worry about the new semester.** 너는 새 학기에 대해 걱정할 필요가 없어.

Dialogue

I don't need expensive clothes.
나는 비싼 옷이 필요 없어.

You're right.
네 말이 맞아.

5. 부사 – 부사의 역할

Cheetahs run **fast.**
치타는 빨리 달린다.

★ **부사**: 문장 안에서 형용사와 동사, 부사 등을 보충 설명하는 역할

study 공부하다	어떻게?	study **hard** 열심히 공부하다
go to bed 자러 가다	언제?	go to bed **early** 일찍 자러 가다
sit 앉다	어디에?	sit **there** 저기에 앉다
fast 빨리	얼마나?	**very** fast 엄청 빠르게

- **I study** hard. 나는 열심히 공부한다.
- **I can sing** beautifully. 나는 아름답게 노래할 수 있다.
- **She has** very **small hands.** 그녀는 매우 작은 손을 갖고 있다.
- **I have PE** today. 나는 오늘 체육 수업이 있다.

WORDS fast 빨리 beautifully 아름답게 very 정말, 매우 PE 체육

Conversation 046

I get up at 7 o'clock.
나는 7시 정각에 일어나.

Words

practice 연습하다 noon 정오 lunch 점심

Sentences

- **I go to school at 8 a.m.** 나는 오전 8시에 학교에 가.
- **I practice tennis at 2 p.m.** 나는 오후 2시에 테니스 연습을 해.
- **I eat lunch at noon.** 나는 정오에 점심을 먹어.

Dialogue

 What do you do after school?
너는 방과 후에 무엇을 하니?

I **practice** tennis **at 6 p.m.**
나는 오후 6시에 테니스 연습해.

5. 부사 - 부사의 형태

Turtles move slowly.
거북이들은 느리게 움직인다.

★ 부사는 보통 **형용사 뒤에 -ly**를 붙여 만들고, '～하게'라고 해석해요.

대부분의 형용사	+ -ly	kind - kind**ly** quick - quick**ly** slow - slow**ly** careful - careful**ly**
-y로 끝나는 형용사	y를 빼고 -ily	happy - happ**ily** easy - eas**ily**
-le로 끝나는 형용사	e를 빼고 -y	simple - simp**ly**

- **A dog moves its tail quickly.** 강아지는 꼬리를 빠르게 움직인다.
- **They are playing happily.** 그들은 행복하게 놀고있다.
- **We can solve problems simply.** 우리는 간단하게 문제를 해결할 수 있다.

WORDS turtle 거북이 move 움직이다 slowly 느리게 solve 해결하다

I sometimes go to bed late.
나는 가끔 늦게 자러 간다.

Words

always 항상 **usually** 대개, 보통 **often** 자주

Sentences

- **I am always busy in the morning.** 나는 항상 아침에 바쁘다.
- **I usually go camping with my family.** 나는 보통 우리 가족과 캠핑 하러 가.
- **I often clean my room.** 나는 자주 내 방을 청소한다.

Dialogue

 What do you do on the weekends?
너는 주말마다 뭐해?

I **usually** go camping with my family.
나는 보통 우리 가족과 캠핑 하러 가.

5. 부사 – 부사의 형태

I get up early.
나는 일찍 일어난다.

★ 형용사를 부사로 만들 때 -ly를 붙이는 규칙이 적용되지 않는 경우

형용사와 부사의 모양이 같은 경우	early ⑲ 이른 ⑼ 일찍 high ⑲ 높은 ⑼ 높게 fast ⑲ 빠른 ⑼ 빠르게	late ⑲ 늦은 ⑼ 늦게 near ⑲ 가까운 ⑼ 가깝게 long ⑲ 오랜, 긴 ⑼ 오래
모양은 같은데, 뜻이 다른 경우	hard ⑲ 단단한 ⑼ 열심히	pretty ⑲ 예쁜 ⑼ 꽤
모양이 다른 경우	good ⑲ 좋은 well ⑼ 잘, 좋게	

- **I can climb high mountains.** 나는 높은 산을 올라갈 수 있다.
- **Birds can fly high.** 새들은 높이 날 수 있다.
- **I go to bed late.** 나는 늦게 자러 간다.
- **You can speak Spanish very well.** 너는 스페인어를 엄청 잘 할 수 있다.

WORDS get up 일어나다 climb 오르다 mountain 산

Conversation 048

I feel **a little tired.**
나는 **약간 피곤해.**

Words

a little 약간, 조금 **tired** 피곤한 **nervous** 긴장한 **confident** 자신 있는

Sentences

- I feel **happy.** 나는 행복해.
- I feel **nervous.** 나는 긴장돼.
- I feel **confident.** 나는 자신 있어.

Dialogue

 Are you okay?
너 괜찮아?

No, I'm not. **I feel** a little tired.
아니. 난 약간 피곤해.

5. 부사 - 부사의 활용

I really like your smile.
나는 너의 미소가 정말 좋다.

★ **부사**는 보통 꾸미는 말 앞에 와요. 동사를 꾸밀 때 조동사가 쓰인 경우 그 뒤에 올 수 있어요.

형용사를 꾸미는 역할	I am **very** <u>brave</u>. 나는 매우 용감하다.
동사를 꾸미는 역할	I <u>can</u> **really** <u>help</u> you. 나는 정말 너를 도울 수 있다.
부사를 꾸미는 역할	I study **very** <u>hard</u>. 나는 공부를 매우 열심히 한다.

- **All my cats are so <u>cute</u>.** 내 모든 고양이들은 너무 귀엽다.
- **Fish can swim very <u>fast</u>.** 물고기는 엄청 빠르게 수영할 수 있다.

WORDS really 정말 smile 미소 brave 용감한 fish 물고기

**You are late again.
Is something wrong?**
너 또 늦었구나. 무슨 일 있어?

**I'm sorry. I am always busy
in the morning.**
미안해. 나는 항상 아침에 바빠.

You need to get up early.
너는 일찍 일어날 필요가 있겠다.

**You're right. I need to
set the alarm for 7.**
네 말이 맞아. 나는 7시에 알람을 맞춰야겠다.

Words

set an alarm 알람을 맞추다

★ 우리말에 맞는 문장이 되도록 둘 중 알맞은 것을 고르세요.

01
Some / All birds have wings.
모든 새들은 날개를 갖고 있다.

02
I exercise **any / every** day.
나는 매일 운동한다.

03
Turtles move **slowly / slow** .
거북이들은 느리게 움직인다.

04
Birds can fly **highly / high** .
새들은 높이 날 수 있다.

★ 우리말에 맞는 문장이 되도록 밑줄 친 부분을 바르게 고치세요.

05 나는 너의 미소가 정말 좋다.
I <u>like really</u> your smile. ⇨ _____

06 나는 늦게 자러 간다.
I go to bed **lately**. ⇨ _____

07 강아지는 꼬리를 빠르게 움직인다.
A dog moves its tail **quick**. ⇨ _____

08 그녀는 매우 작은 손을 갖고 있다.
She has **small very** hands. ⇨ _____

You look good.
너는 좋아 보인다.

Words

good 좋은 nice 멋진 beautiful 아름다운 serious 심각한

Sentences

- **You look nice.** 너는 멋져 보인다.
- **You look beautiful.** 너는 아름다워 보인다.
- **You look serious.** 너는 심각해 보인다.

Dialogue

Dad, how do I look?
아빠, 나 어때 보여요?

You look nice!
멋져 보이네!

5. 부사 - 빈도부사

I sometimes skip my breakfast.

나는 가끔 아침을 거른다.

★ 어떤 일이 얼마나 자주 일어나는지 나타내는 부사를 '**빈도부사**'라고 해요.

0				100
never	**sometimes**	**often**	**usually**	**always**
결코 ~않은	때때로, 가끔	자주	대개, 보통	항상

★ 빈도부사는 보통 문장 안에서 <u>일반동사 앞</u>에, <u>be동사와 조동사 뒤</u>에 와요.

- **I never <u>make</u> mistakes.** 나는 결코 실수하지 않는다.
- **I often <u>meet</u> my cousins.** 나는 자주 내 사촌들을 만난다.
- **I usually <u>call</u> my grandmother.** 나는 보통 나의 할머니께 전화 드린다.
- **I <u>am</u> always happy.** 나는 항상 행복하다.

WORDS skip 거르다 breakfast 아침 식사 mistake 실수 grandmother 할머니

It's **ten o'clock.**
10시 정각이다.

Words

March 3월   Thursday 목요일   cold 추운

Sentences

- It's **March 3rd.** 3월 3일이다.
- It's **Thursday.** 목요일이다.
- It's **cold.** 춥다.

Dialogue

 Do you like winter?
너는 겨울을 좋아하니?

Yes, I do. **It's** cold but I like skating.
응. 춥지만 나는 스케이트타는 것을 좋아해.

6. 전치사 - 전치사의 역할

I walk to school.
나는 학교에 걸어간다.

★ **전치사**: '앞에 위치하는 품사'라는 뜻으로, 명사나 대명사 앞에 쓰이고 뒤에 놓인 명사/대명사와의 위치, 시간, 방향 등의 관계를 나타냄

전치사 + 명사/대명사	시간	**on** Sunday 일요일에 **in** 1990 1990년에
	위치	**in** the box 상자 안에 **on** the box 상자 위에
	방향	**to** school 학교로 **from** school 학교에서부터
	기타	**with** you 너와 함께 **about** it 그것에 대해

- **I practice soccer** on Sunday. 나는 일요일에 축구 연습을 한다.
- **It is** in the box. 그것은 상자 안에 있다.
- **We have English class** on Monday. 우리는 월요일에 영어 수업이 있다.
- **I have dinner** with you. 나는 너와 함께 저녁을 먹는다.

WORDS walk 걷다 practice 연습하다 soccer 축구 dinner 저녁

What do you do?
당신은 무슨 일을 하십니까?

Words

look like ~처럼 보이다 mean 의미하다 free time 여가 시간

Sentences

- **What does** she look like? 그녀는 어떻게 생겼어?
- **What do** you mean? 무슨 뜻이야?
- **What do** you usually do in your free time?
  너는 여가 시간에 보통 무엇을 하니?

Dialogue

What does he look like?
그는 어떻게 생겼어?

He is tall. He has blue eyes.
그는 키가 커. 그는 파란 눈을 갖고 있어.

6. 전치사 – 위치 전치사 in

A bird is **in** the cage.
새 한 마리가 <u>새장</u> 안에 있다.

★ **전치사 in**은 '~ 안에'라는 위치를 나타내요.

in '~ 안에'	**in** the cage 새장 안에
	in the basket 바구니 안에
	in the pocket 주머니 안에
	in the cupboard 찬장 안에

- **There is some apples in <u>the basket</u>.** 바구니 안에 몇 개의 사과가 있다.
- **Many plates are in <u>the cupboard</u>.** 많은 접시들이 찬장 안에 있다.
- **I put some coins in <u>my pocket</u>.** 나는 동전 몇 개를 내 주머니에 넣었다.

WORDS cage 새장 basket 바구니 cupboard 찬장 coin 동전 pocket 주머니

How do **I** look?
나 어때 보여?

Words

feel 느끼다 **spell** 철자를 말하다 **say** 말하다

Sentences

- **How do you feel today?** 오늘 기분이 어때?
- **How do you spell your name?** 네 이름의 철자가 어떻게 되니?
- **How do you say it in Korean?** 그거는 한국어로 어떻게 말하니?

Dialogue

 How do you spell your name?
네 이름의 철자가 어떻게 되니?

C-H-R-I-S.
C, H, R, I, S야.

6. 전치사 – 위치 전치사 under

Some apples are under <u>the tree.</u>
사과 몇 개가 <u>나무</u> 아래에 있다.

★ 전치사 under는 '~ 아래에'라는 위치를 나타내요.

under ~ 아래에	**under** the sea 바다 아래에(속에) **under** the bridge 다리 아래에 **under** the tree 나무 아래에 **under** the bench 벤치 아래에

- **Starfish live** under <u>the sea.</u> 불가사리는 바다 아래에 산다.
- **Many boats pass** under <u>the bridge.</u> 많은 배들이 다리 아래로 지나간다.
- **My dog is** under <u>the bench.</u> 내 강아지는 벤치 아래에 있다.

WORDS starfish 불가사리 pass 지나가다 boat 보트, 배 bridge 다리

What is **this?**

이건 뭐야?

Words

hobby 취미 matter 문제 problem 문제

Sentences

- What's **your hobby?** 네 취미가 뭐야?
- What's **the matter?** 무슨 일이야?
- What's **the problem?** 무슨 일이야?

Dialogue

 What's the problem?
무슨 일이야?

I have a stomachache.
나는 배가 아파.

6. 전치사 – 위치 전치사 on

A bee is on <u>my head</u>.
벌 한 마리가 내 머리 위에 있다.

★ **전치사 on**은 '~ 위에'라는 위치를 나타내요.

on ~ 위에	**on** the box 상자 위에 **on** my head 내 머리 위에 **on** the wall 벽 위에 **on** the roof 지붕 위에

- **I put my socks on <u>the box</u>.** 나는 내 양말을 상자 위에 올려 두었다.
- **My dad is on <u>the roof</u>.** 나의 아빠는 지붕 위에 있다.
- **The clock is on <u>the wall</u>.** 시계는 벽 위에 있다.

WORDS bee 벌 put 두다 socks 양말 roof 지붕 clock 시계 wall 벽

How are you?
어떻게 지내?

Words

weather 날씨 food 음식 fine 좋은, 괜찮은

Sentences

- **How's it going?** 어떻게 지내고 있어?
- **How's the weather?** 날씨는 어때?
- **How's your food?** 네 음식은 어때?

Dialogue

 Good afternoon. **How are** you?
안녕. 어떻게 지내?

I'm fine, thanks.
잘 지내.

6. 전치사 – 위치 전치사 behind

The moon is behind **the clouds.**
달이 **구름** 뒤에 있다.

★ **전치사 behind**는 '~ 뒤에'라는 위치를 나타내요.

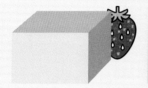

behind ~ 뒤에	**behind** the bank 은행 뒤에
	behind you 너의 뒤에
	behind the bench 벤치 뒤에
	behind the curtain 커튼 뒤에

- **I am** behind **the bench.** 나는 벤치 뒤에 있다.
- **The door closed** behind **you.** 너의 뒤에서 문이 닫혔다.
- **The post office is** behind **the bank.** 우체국은 은행 뒤에 있다.

WORDS moon 달 cloud 구름 close 닫다 post office 우체국

Hi, Jane. **How's** the weather in Australia? It's so cold in Korea.

안녕, Jane. 호주의 날씨는 어때? 한국은 엄청 추워.

It's summer now in Australia. We have Christmas in summer.

호주는 지금 여름이야. 우리는 크리스마스가 여름에 있잖아.

Oh, I see. **What do** you usually do on Christmas Day?

아, 그렇구나. 너는 크리스마스에 보통 뭐해?

I usually go surfing on Christmas Day.

나는 보통 크리스마스에 서핑을 가.

Words

go surfing 서핑을 하러 가다

★ 우리말에 맞는 문장이 되도록 둘 중 알맞은 것을 고르세요.

01
I am **always / never** happy.
나는 항상 행복하다.

02
A bird is **in / under** the cage.
새 한 마리가 새장 안에 있다.

03
Starfish live **behind / under** the sea.
불가사리는 바다 아래에 산다.

04
My dad is **on / in** the roof.
나의 아빠는 지붕 위에 있다.

★ 우리말에 맞는 문장이 되도록 밑줄 친 부분을 바르게 고치세요.

05 시계는 벽 위에 있다.

   The clock is **the wall**. ⇨ _____

06 그것은 상자 안에 있다.

   It is **on the box**. ⇨ _____

07 나는 자주 내 사촌들을 만난다.

   I **sometimes** meet my cousins. ⇨ _____

08 너의 뒤에서 문이 닫혔다.

   The door closed **you behind**. ⇨ _____

When is **your birthday?**

네 생일은 언제야?

Words

drawing contest 미술 대회 **entrance ceremony** 입학식

Sentences

- When is **the school festival?** 학교 축제가 언제야?
- When is **the drawing contest?** 미술 대회가 언제야?
- When is **the entrance ceremony?** 입학식이 언제야?

Dialogue

When is your birthday?
네 생일은 언제니?

It's November 23rd.
11월 23일이야.

6. 전치사 - 위치 전치사 in front of

We are in front of the TV.

우리는 TV 앞에 있다.

in front of ~ 앞에	**in front of** the box 상자 앞에
	in front of the chair 의자 앞에
	in front of my house 내 집 앞에
	in front of the elevator 엘리베이터 앞에

- **She is in front of <u>the blackboard.</u>** 그녀는 칠판 앞에 있다.
- **Many buses stop in front of <u>my house.</u>** 많은 버스들이 내 집 앞에 선다.
- **I am standing in front of <u>the elevator.</u>** 나는 엘리베이터 앞에서 서 있다.

WORDS blackboard 칠판 stop 멈추다 stand 서다

Where is the post office?
우체국은 어디에 있니?

Words

post office 우체국 library 도서관 necklace 목걸이 bookstore 서점

Sentences

- **Where is the library?** 도서관은 어디에 있니?
- **Where is my necklace?** 내 목걸이는 어디에 있니?
- **Where is the bookstore?** 서점은 어디에 있니?

Dialogue

Where is the post office?
우체국이 어디에 있나요?

Sorry, I'm new here.
미안해요, 저도 여기 처음이에요.

6. 전치사 – 위치 전치사 next to

Can I sit next to you?
내가 네 옆에 앉아도 될까?

next to ~ 옆에	**next to** the box 상자 옆에 **next to** the bank 은행 옆에 **next to** the library 도서관 옆에 **next to** the gym 체육관 옆에

- **The squirrel is next to <u>the tree.</u>** 다람쥐가 나무 옆에 있다.
- **My house is next to <u>the library.</u>** 나의 집은 도서관 옆이다.
- **I am standing next to <u>the gym.</u>** 나는 체육관 옆에 서 있다.

WORDS squirrel 다람쥐 house 집 library 도서관 gym 체육관

There is a bed in my room.

내 방에 침대가 있다.

Words

bed 침대 news 소식, 뉴스 famous 유명한 bakery 빵집

Sentences

- There is **a box on the table.** 탁자 위에 상자 하나가 있다.
- There is **good news**. 좋은 소식이 있다.
- There is **a famous bakery in my town.** 우리 마을에 유명한 빵집이 있다.

Dialogue

Look! **There is** a big box on the table.
봐! 탁자 위에 큰 상자가 하나 있어.

There is a photo album in it.
그것 안에는 사진 앨범이 있네.

6. 전치사 – 장소 전치사 at

I am at <u>home</u>.
나는 집에 있다.

at ~에(서) :좁은 장소나 어떤 정확한 지점을 나타낼 때	**at** home 집에 **at** the bus stop 버스 정류장에 **at** the station 역에 **at** the hospital 병원에서 **at** the concert 콘서트에

- I arrived at <u>the airport.</u> 나는 공항에 도착했다
- I studied at <u>the library.</u> 나는 도서관에서 공부했다.
- I turned left at <u>the corner.</u> 나는 모퉁이에서 왼쪽으로 돌았다.

WORDS arrive 도착하다 airport 공항 left 왼쪽으로 corner 모퉁이

There are **two chairs in my room.**

내 방에 두 개의 의자가 있다.

Words

chair 의자 bedroom 침실 many 많은 tree 나무

Sentences

- There are **four bedrooms in the house.**
  그 집에는 네 개의 침실이 있다.

- There are **many trees around my house.**
  내 집 주변에 많은 나무가 있다.

Dialogue

 How many bedrooms are there in your new house?
네 새 집에는 방이 몇 개 있어?

There are four bedrooms.
네 개의 침실이 있어.

6. 전치사 – 장소 전치사 in

The sun rises in <u>the east.</u>
해는 <u>동쪽</u>에서 뜬다.

in ~에[에서] :도시, 나라 등과 같이 넓은 장소나 지역을 말할 때	**in** Paris 파리에 **in** Korea 한국에 **in** the world 세계에서 **in** the east 동쪽에 **in** Africa 아프리카에

- **I help the sick in <u>Africa.</u>** 나는 아프리카에서 아픈 사람들을 돕는다.
- **He is the best soccer player in <u>the world.</u>**
  그는 세계에서 최고의 축구 선수이다.
- **I live in <u>Paris.</u>** 나는 파리에 산다.

WORDS rise 오르다 east 동쪽 sick 아픈 best 최고의 player 운동 선수

Is there **a box on the table?**

탁자 위에 상자가 있나요?

Words

bus stop 버스 정류장 **street** 거리 **museum** 박물관 **city** 도시

Sentences

- Is there **a bus stop on the street?**
  그 거리에 버스 정류장이 있나요?

- Is there **a museum in the city?**
  그 도시에 박물관이 있나요?

Dialogue

Is there a museum in the city?
그 도시에 박물관이 있나요?

Yes, there is. It is next to the police station.
네, 있어요. 그건 경찰서 옆에 있어요.

6. 전치사 – 방향 전치사 to

I go **to** <u>school</u>.
나는 <u>학교</u>로 간다.

to ~(으)로	go **to** school 학교로 가다(등교하다) go **to** church 교회에 가다 fall **to** the ground 땅으로 떨어지다 point **to** the wall 벽 쪽으로 가리키다 turn **to** the right 오른쪽으로 돌다

- **I walked to <u>the river</u>.** 나는 강 쪽으로 걸어 갔다.
- **The mail box fell to <u>the ground</u>.** 우편함이 땅으로 쓰러졌다.
- **He pointed to <u>the wall</u>.** 그는 벽 쪽으로 가리켰다.

WORDS river 강 ground 땅 point 가리키다

Are there any questions?

질문이 있나요?

Words

ticket 표 seat 좌석 left 남겨진 place 장소 around 주변에, 근처에

Sentences

- **Are there any tickets?** 표가 있나요?
- **Are there any seats left?** 남은 좌석이 있나요?
- **Are there any interesting places around here?**
  여기 주변에 재미있는 곳이 있나요?

Dialogue

Are there any seats left?
남은 좌석이 있나요?

I'm sorry, but it's sold out.
죄송하지만 매진이에요.

6. 전치사 – 방향 전치사 to

The train **from** <u>Seoul</u> arrived.

<u>서울</u>에서부터 오는 기차가 도착했다.

from (출발지)로부터	**from** London 런던에서부터 **from** here 여기서부터 **from** the sky 하늘에서부터 **from** the ceiling 천장에서부터
from A to B A에서부터 B로	**from** Berlin **to** Paris 베를린에서 파리로

- **Rain is falling from the sky.** 비가 하늘에서 떨어지고 있다.
- **The chandelier hangs from the ceiling.**
  샹들리에는 천장에서부터 매달려 있다.
- **The restaurant is far from here.**
  그 식당은 여기서부터 멀다.

WORDS train 기차 rain 비 hang 매달리다 ceiling 천장 far 먼

When is your magic show?
네 마술쇼는 언제야?

It's May 8th. This Friday at three.
5월 8일이야. 이번주 금요일 3시.

**All right. Are there
any seats left?**
알겠어. 남은 좌석이 있어?

**Yes. There are 300 seats in
the theater. You can come
with your friends.**
응. 그 극장에는 300석이 있어.
네 친구들이랑 와도 돼.

Words

magic 마술 **this** 이번 **theater** 극장

★ 우리말에 맞는 문장이 되도록 둘 중 알맞은 것을 고르세요.

01

My house is **from / next to** the library.

나의 집은 도서관 옆에 있다.

02

I live **in / to** Paris.

나는 파리에 산다.

03

I studied **at / in front of** the library.

나는 도서관에서 공부했다.

04

The train **to / from** Seoul arrived.

서울에서부터 오는 기차가 도착했다.

★ 우리말에 맞는 문장이 되도록 밑줄 친 부분을 바르게 고치세요.

05 내가 네 옆에 앉아도 될까?

Can I sit <u>to you</u>? ⇨ _____

06 나는 강 쪽으로 걸어갔다.

I walked <u>in</u> the river. ⇨ _____

07 해는 동쪽에서 뜬다.

The sun rises <u>next to</u> the east. ⇨ _____

08 그 식당은 여기서부터 멀다.

The restaurant is far <u>to here</u>. ⇨ _____

I'd like to **order.**
나는 **주문**하고 싶어요.

Words

borrow 빌리다 hang out 놀다, 어울리다 buy 사다 new 새로운

Sentences

- **I'd like to borrow this book.** 나는 이 책을 빌리고 싶어.
- **I'd like to hang out with you.** 나는 너랑 놀고 싶어.
- **I'd like to buy new sneakers.** 나는 새 운동화를 사고 싶어.

Dialogue

 Can I help you?
무엇을 도와드릴까요?

I'd like to borrow this book.
저는 이 책을 빌리고 싶어요.

6. 전치사 – 방향 전치사 up, down

They are going up the stairs.

그들은 계단 위로 올라가고 있다.

up 위로	go **up** the stairs 계단 위로(위층으로) 가다 climb **up** the ladder 사다리를 오르다 walk **up** the hill 언덕을 걸어 올라가다
down 아래로	go **down** the stairs 계단을 내려가다 go **down** the hill 언덕을 내려가다 run **down** my face 내 얼굴 아래로 흐르다

- **My dad is climbing up <u>a ladder</u>.** 아빠는 사다리를 오르고 있다.
- **They are going down <u>the stairs</u>.** 나는 계단 아래로 내려가고 있다.
- **Tears ran down <u>my face</u>.** 눈물이 내 얼굴 아래로 흘렀다.

WORDS stair 계단 ladder 사다리 tear 눈물 face 얼굴

Would you like to come to my house?
우리 집에 올래?

Words

other 다른 more 더 unique 특이한 culture 문화

Sentences

- **Would you like to help other people?**
  너는 다른 사람 돕길 원하니?

- **Would you like to know more about the unique culture?**
  너는 특이한 문화에 대해 더 알고 싶니?

Dialogue

Would you like to come to my house?
우리 집에 올래?

Of course. Thanks a lot.
물론이지. 정말 고마워.

6. 전치사 – 방향 전치사 into, out of

A dog came into my house.

개 한 마리가 <u>내 집</u> 안으로 들어왔다.

into ~ 안으로[에]	**into** the fire 불 속으로 **into** the water 물 속으로 **into** the forest 숲 속으로
out of ~에서 밖으로	**out of** the room 방 밖으로 **out of** the car 차 밖으로 **out of** the cave 동굴 밖으로

- **We dived into <u>the water</u>.** 우리는 물속으로 뛰어들었다.
- **I went into <u>the forest</u> by myself.** 나는 혼자 숲 속으로 들어갔다.
- **Two wolves came out of <u>the cave</u>.**
  두 마리의 늑대가 동굴 밖으로 나왔다.
- **I walked out of <u>my room</u>.** 나는 내 방 밖으로 걸어 나왔다.

WORDS dive 다이빙하다 forest 숲 by myself 혼자 cave 동굴

I can **do it.**

나는 할 수 있어.

Words

make 만들다   dive 잠수하다   sing 노래하다   well 잘

Sentences

- **I can make a robot.** 나는 로봇을 만들 수 있어.
- **I can dive.** 나는 잠수할 수 있어.
- **I can sing very well.** 나는 노래를 엄청 잘 할 수 있어.

Dialogue

What do you want to do today?
넌 오늘 무엇을 하고 싶니?

I want to go swimming. **I can** dive.
나는 수영하러 가고 싶어. 나는 잠수할 수 있거든.

6. 전치사 – 시간 전치사 at

I have lunch **at** <u>noon</u>.
나는 <u>정오</u>에 점심을 먹는다.

at + 특정 시점, 시각	**at** 9 a.m. 오전 9시에
	at ten o'clock 10시 정각에
	at noon 정오에
	at midnight 자정에[한밤중에]
	at night 밤에

- **The concert starts at <u>ten o'clock</u>.** 콘서트는 10시에 시작한다.
- **I wake up at <u>9 a.m.</u>** 나는 오전 9시에 일어난다.
- **I do my homework at <u>night</u>.** 나는 밤에 숙제를 한다.
- **The restaurant closes at <u>midnight</u>.** 그 식당은 자정에 문 닫는다.

WORDS noon 정오 wake up 깨어나다 close 닫다 midnight 자정

I can't **do it.**
난 못 해.

Words

find 찾다 wallet 지갑 believe 믿다 take a picture 사진을 찍다

Sentences

- I can't **find my wallet.** 나는 내 지갑을 못 찾겠어.
- I can't **believe it.** 나는 믿을 수가 없어
- You can't **take pictures here.** 너는 사진을 찍을 수 없어.

Dialogue

My birthday is one month away.
내 생일은 한달 남았어.

I can't believe it. Time flies!
나는 믿을 수가 없어. 시간 빠르다!

6. 전치사 – 시간 전치사 on

My birthday is on March 9th.
내 생일은 3월 9일이다.

on + 요일, 날짜, 특정한 때	**on** Sunday 일요일에 **on** March 9th 3월 9일에 **on** my birthday 내 생일에 **on** Sundays 일요일마다 **on** weekends 주말마다 * 요일이나 주말을 복수로 표현하면 매주 반복된다는 것을 나타냄

- **I have English class on <u>Tuesday</u>.** 나는 화요일에 영어 수업이 있다.
- **I go to church on <u>Christmas Day</u>.** 나는 크리스마스에 교회에 간다.
- **I go to the farm on <u>weekends</u>.** 나는 주말마다 농장에 간다.

WORDS birthday 생일 class 수업 farm 농장 weekend 주말

Can you help me?
너는 나를 도와줄 수 있어?

Words

come 오다 introduce 소개하다 fix 고치다

Sentences

- **Can you come to my birthday party?**
  내 생일 파티에 와 줄 수 있어?
- **Can you introduce yourself?** 네 소개를 해줄 수 있어?
- **Can you fix my bike?** 너는 내 자전거를 고칠 수 있어?

Dialogue

Can you come to my birthday party?
넌 내 생일 파티에 와 줄 수 있어?

Sure, I can.
물론이지.

Grammar 068

6. 전치사 – 시간 전치사 in

I was born in <u>2009</u>.
나는 <u>2009년</u>에 태어났다.

in + 월, 년, 계절, 특정 기간	**in** 1990 1990년에
	in summer 여름에
	in March 3월에
	in the morning 아침에
	in the afternoon 오후에
	in the evening 저녁에

- **I am always busy in <u>summer</u>.** 나는 여름에 항상 바쁘다.
- **I ride my bike in <u>the afternoon</u>.** 나는 오후에 자전거를 탄다.
- **My parents wake up early in <u>the morning</u>.**
  나의 부모님은 아침에 일찍 일어나신다.

WORDS busy 바쁜 ride 타다 early 일찍

Can I **go home?**

나 **집에 가도 돼?**

Words

borrow 빌리다 outside 밖에 sit 앉다

Sentences

- **Can I borrow your pencil?** 나는 네 연필을 빌려도 돼?
- **Can I play outside?** 나는 밖에서 놀아도 돼요?
- **Can I sit here?** 여기 앉아도 돼요?

Dialogue

Dad, **can I** play outside?
아빠 저 밖에서 놀아도 돼요?

No, you can't. It's getting dark.
안 된다. 어두워지고 있어.

6. 전치사 – 방향 및 시간 전치사 between

We take a break between classes.

우리는 수업들 사이에 휴식을 취한다.

★ **전치사 between**은 시간과 시간 사이, 어떤 장소와 장소 사이, 수치와 수치 사이 등 두 요소 사이에 있음을 나타내요.

between ~ 사이에	**between** the buildings 건물들 사이에 **between** them 그들 사이에 ＊복수 명사/복수 대명사를 씀
between A and B A와 B 사이에	**between** you **and** me 너와 나 사이에 **between** 2 p.m. **and** 4 p.m. 오후 2시와 4시 사이에

- **It is** between **the buildings.** 그것은 그 건물들 사이에 있다.
- **He sat** between **you** and **me.** 그는 너와 나 사이에 앉았다.

WORDS take a break 휴식을 취하다

Would you like to help other people?

너는 다른 사람들을 돕기를 원하니?

Sure. I'd like to volunteer.

물론이지. 나는 자원봉사를 하고 싶어.

There are many children from other countries in our town. You can donate your talent.

우리 마을에는 다른 나라에서 온 많은 아이들이 있어. 네 재능을 기부할 수 있어.

That's a good idea. I can teach Korean.

그거 좋은 생각이다. 나는 한국어를 가르칠 수 있어.

Words

volunteer 자원봉사하다 **donate** 기부하다 **talent** 재능 **teach** 가르치다

★ 우리말에 맞는 문장이 되도록 둘 중 알맞은 것을 고르세요.

01
I was born **in / on** 2009.
나는 2009년에 태어났다.

02
My birthday is **at / on** March 9th.
내 생일은 3월 9일이다.

03
I have lunch **at / in** noon.
나는 정오에 점심을 먹는다.

04
He sat **out of / between** you and me.
그는 너와 나 사이에 앉았다.

★ 우리말에 맞는 문장이 되도록 밑줄 친 부분을 바르게 고치세요.

05 눈물이 내 얼굴 아래로 흘렀다.
Tears ran **up** my face. ⇨ _____

06 나는 화요일에 영어 수업이 있다.
I have English class **in Tuesday**. ⇨ _____

07 나는 여름에 항상 바쁘다.
I am always busy **at summer**. ⇨ _____

08 우리는 수업들 사이에 휴식을 취한다.
We take a break **classes**. ⇨ _____

May I try some?
제가 좀 먹어봐도 되나요?

Words

try ~해 보다 **help** 돕다 **bathroom** 화장실

Sentences

- **May I help you?** 도와 드릴까요?
- **May I speak to Ted?** Ted와 통화할 수 있을까요?
- **May I go to the bathroom?** 제가 화장실에 가도 될까요?

Dialogue

It looks delicious. **May I** try some?
맛있어 보여요. 제가 좀 먹어봐도 될까요?

Yes, you may. Here you are.
그럼요. 여기 있어요.

6. 전치사 – 기타 전치사 of

He is a friend **of** <u>mine</u>.
그는 <u>내 친구</u> 중 한 명이다.

of ~의(~에 속하는) ~ 중에서(~의 일부) ~에 대한	a friend **of** mine 내 친구 중 한 명 a member **of** the team 그 팀의 일원 some **of** my friends 내 친구들 중 몇 명 a photo **of** my family 내 가족의 사진 the role **of** the leader 리더의 역할

- **I will invite some of** <u>my friends</u>**.** 나는 내 친구 중 몇 명을 초대할 것이다.
- **I became a member of** <u>the team</u>**.** 나는 그 팀의 일원이 되었다.
- **The role of** <u>the leader</u> **is important.** 리더의 역할은 중요하다.

WORDS become 되다 member 구성원 role 역할 important 중요한

He may **know.**
그는 **알지도** 몰라.

Words

know 알다 get hurt 다치다 spicy 매운 play 놀다

Sentences

- **You may get hurt.** 넌 다칠 지도 몰라.
- **It may be spicy.** 그건 매울 지도 몰라.
- **You may play here.** 넌 여기서 놀아도 된다.

Dialogue

May I try some?
좀 먹어봐도 돼요?

Sure. But it **may** be spicy.
물론이죠. 그런데 매울 수 있어요.

6. 전치사 - 기타 전치사 about

It is a book about Italian food.

그것은 이탈리아 음식에 관한 책이다.

about ~에 대한 ~에 관한	a book **about** food 음식에 관한 책 talk **about** the accident 그 사고에 대해 이야기하다 know **about** flowers 꽃에 대해 알다 learn **about** korean culture 한국 문화에 대해 배우다

- **We are talking about <u>future jobs</u>.** 우리는 미래 직업에 대해 이야기하고 있다.

- **I learn fun facts about <u>animals</u>.** 나는 동물들에 대한 재미있는 사실을 배운다.

- **I know a lot about <u>flowers</u>.** 나는 꽃에 대해 많이 안다.

WORDS culture 문화 future 미래의 fun 재미있는 fact 사실

Conversation 073

We should hurry.
우리는 서둘러야 해.

Words

save 절약하다 bottle 병 keep a diary 일기를 쓰다

Sentences

- **We should save energy.** 우리는 에너지를 절약해야 한다.
- **We should recycle plastic bottles.** 우리는 플라스틱 병을 재활용해야 해.
- **I should keep a diary.** 나는 일기를 써야 해.

Dialogue

It's time for school. We only have ten minutes.
학교 갈 시간이야. 우리에겐 오직 10분밖에 없어.

Oh, no. **We should** hurry.
오, 안 돼. 우리는 서둘러야 해.

6. 전치사 - 기타 전치사 with

I live with <u>my parents.</u>
나는 <u>부모님</u>과 함께 산다.

with ~와 함께 ~을 가진 ~을 써서	live **with** my parent 부모님과 함께 살다 meet **with** my friend 내 친구를 만나다 a boy **with** red hair 빨간 머리 소년 write **with** a pen 펜으로 쓰다

- **Babies feel safe with <u>their moms.</u>**
  아기들은 엄마와 함께 있으면 안전하다고 느낀다.
- **They played with <u>the ball.</u>** 그들은 그 공을 갖고 놀았다.
- **I know that boy with <u>red hair.</u>** 나는 빨간 머리를 한 저 소년을 안다.

WORDS play 놀다 baby 아기 feel 느끼다 safe 안전한

I shouldn't eat too much.

나는 너무 많이 먹으면 안 된다.

Words

bring 데려오다, 가져오다   **run down** 뛰어 내려가다   **stair** 계단

Sentences

- **We shouldn't bring any food in the museum.**
  우리는 박물관에 어떠한 음식도 가져가서는 안 된다.

- **You shouldn't run down the stairs.**
  너는 계단을 뛰어 내려가서는 안 된다.

Dialogue

A No Food sign is on the gate.
입구에 '음식 금지'라는 표지판이 있네.

We shouldn't bring any food in the museum.
우린 박물관에 어떤 음식도 가져가서는 안 되는구나.

7. 문장 공식 – 문장의 종류

I am a student.
나는 학생이다.

평서문	어떤 <u>사실</u>이나 내 <u>생각을 전달</u>하는 문장으로 마침표(.)로 끝난다.
의문문	무언가를 <u>물어보는</u> 문장으로 물음표(?)로 끝난다.
감탄문	<u>느낌</u>이나 감정을 표현하는 문장. how나 what으로 시작하고, 느낌표(!)로 끝난다.
제안문	무언가를 같이 하자고 <u>요청</u>하는 문장. 보통 Let's ~라고 표현하고, 느낌표(!)나 마침표(.)로 끝난다.
명령문	상대에게 어떤 행동을 <u>지시</u>하는 문장. 주어 you가 생략되어 보통 동사로 시작하고, 느낌표나(!)나 마침표(.)로 끝난다.

- **I like winter.** 나는 겨울을 좋아한다. (평서문)
- **Do you like dinosaurs?** 너는 공룡을 좋아하니? (의문문)
- **What a beautiful garden!** 아름다운 정원이구나! (감탄문)
- **Let's go together.** 같이 가자. (제안문)
- **Be quiet.** 조용히 해. (명령문)

WORDS dinosaurs 공룡 garden 정원 together 같이 quiet 조용한

I must go home.
나는 집에 가야 해.

Words

keep a secret 비밀을 지키다   reduce 줄이다   waste 쓰레기

Sentences

- You must **believe in yourself.** 넌 네 자신을 믿어야 해.
- You must **keep it a secret.** 넌 그것을 비밀로 해야 해.
- We must **reduce waste.** 우리는 쓰레기를 줄여야 한다.

Dialogue

It's too late. **I must** go home now.
너무 늦었네. 나는 이제 집에 가야 해.

I'll take you to the bus stop.
내가 버스 정류장까지 데려다줄게.

I love you.
나는 너를 사랑한다.

★ 문장을 만들 수 있는 아래의 네 가지 구성 요소 중에서 **주어와 동사**는 반드시 있어야 하며, 동사에 따라 뒤에 **보어**가 올지, **목적어**가 올지 정해져요.

주어	문장의 주인공 주어 자리에는 명사나 대명사 역할을 하는 말이 쓰임
동사	주어의 행동, 상태를 나타내는 말 동사 자리에는 말 그대로 동사가 쓰임
보어	주어나 목적어를 보충 설명하는 말 보어 자리에는 형용사나 명사 역할을 하는 말이 쓰임
목적어	동사의 대상이 되는 말 목적어 자리에는 명사나 대명사 역할을 하는 말이 쓰임

- **I run.** 나는 달린다. (주어+동사)
- **You look happy.** 너는 행복해 보인다. (주어+동사+보어)
- **We plant flowers.** 우리는 꽃들을 심는다. (주어+동사+목적어)

WORDS look ~처럼 보이다 plant 심다 flower 꽃

I have to go home.
나는 **집에 가야 해.**

Words

brush one's teeth 이를 닦다 public 공공의 take a bath 목욕하다

Sentences

- **I have to brush my teeth.** 나는 이를 닦아야 해.
- **You have to be quiet in public places.** 너는 공공장소에서 조용히 해야 해.
- **I have to take a bath.** 나는 목욕해야 해.

Dialogue

You have to be quiet in public places.
너는 공공장소에서 조용히 해야 해.

Oh, I'm sorry.
아, 미안해.

7. 문장 공식 - 1형식 문장

The sun rises.
태양이 떠오른다.

★ run(달리다), work(일하다), fly(날다) 등과 같은 동사는 주어만 있어도 문장이 돼요. 이렇게 주어와 동사로만 이루어진 문장을 1형식 문장이라고 해요.

주어	+	동사
Horses 말들은		run 달린다
We 우리는		work 일한다

- **Birds sing.** 새들은 노래한다.
- **Babies cry.** 아기들은 운다.
- **Birds fly.** 새들은 난다.
- **kangaroos jump.** 캥거루들은 뛴다.

WORDS horse 말 sing 노래하다 baby 아기 cry 울다

Hello. **May I** speak to Ted?
여보세요? Ted와 통화할 수 있을까요?

Hi, Katie. It's me. What's up?
안녕, Katie. 나야. 무슨 일이야?

I want to go skating. Do you want to come?
나는 스케이트 타고 싶어서. 나랑 같이 갈래?

Umm… I have to ask my mom first.
음, 나는 엄마에게 먼저 여쭤봐야 해.

Okay. Call me later.
알겠어. 나중에 전화 줘.

Words

go skating 스케이트 타러 가다 **ask** 묻다 **later** 나중에

★ 우리말에 맞는 문장이 되도록 둘 중 알맞은 것을 고르세요.

01
He is a friend **of / with** mine.
그는 내 친구 중 한 명이다.

02
We are talking **with / about** future jobs.
우리는 미래 직업에 대해 이야기하고 있다.

03
They played **about / with** the ball.
그들은 그 공을 갖고 놀았다.

04
What / Let's a beautiful garden!
아름다운 정원이구나!

★ 우리말에 맞는 문장이 되도록 밑줄 친 부분을 바르게 고치세요.

05 나는 부모님과 함께 산다.

I live **of** my parents. ⇨ _____

06 나는 너를 사랑한다.

love I you. ⇨ _____

05 새들은 난다.

Fly birds. ⇨ _____

08 나는 꽃에 대해 많이 안다.

I know a lot **with flowers.** ⇨ _____

I don't have to worry.
나는 걱정할 필요가 없다.

Words

wear 입다 wait in line 줄 서서 기다리다

Sentences

- **You don't have to wear gloves.**
  너는 장갑을 낄 필요가 없어.

- **We don't have to wait in line.**
  우리는 줄 서서 기다릴 필요 없어.

Dialogue

 How's the weather?
날씨 어때?

It's warm. **You don't have to** wear gloves.
따뜻해. 너는 장갑을 낄 필요 없어.

I sing well.
나는 노래를 잘한다.

★ 내용을 좀 더 자세히 전달하고 싶을 때는 문장에 장신구와 같은 부사를 덧붙이면 돼요. (수식어구인 부사는 문장의 필수 구성 요소가 아니예요!)

주어	동사	＋ 수식어구(부사)
Horses 말들은	run 달린다	fast 빨리
We 우리는	work 일한다	hard 열심히

- **Birds sing happily.** 새들은 행복하게 노래한다.
- **Kangaroos jump high.** 캥거루들은 높이 뛴다.
- **Turtles move slowly.** 거북이는 느리게 움직인다.

WORDS well 잘 happily 행복하게

Do I have to wait in line?
저는 줄 서서 기다려야 해요?

Words

begin 시작하다 stay in the hospital 입원하다

Sentences

- **Do I have to begin now?** 나는 지금 시작해야 하나요?
- **Do we have to wear school uniforms?** 우리는 교복을 입어야 하나요?
- **Do I have to stay in the hospital?** 저는 입원해야 하나요?

Dialogue

Do I have to wait in line?
줄 서서 기다려야 해요?

Yes, you have to stand behind the line.
네. 줄 뒤쪽에 서야 해요.

7. 문장 공식 – 1형식 문장

I go to Busan.
나는 부산으로 간다.

★ 문장에 시간, 장소, 방향 등을 나타내는 전치사를 활용하여 좀 더 자세하게 사실이나 내 의견을 전달할 수 있어요.

주어	동사	✚ 수식어구(전치사구)
I 나는	live 산다	in Seoul 서울에
I 나는	run 달린다	in the morning 아침에

- **My mom works in a bank.** 우리 엄마는 은행에서 일하신다.
- **The shop opens on Sunday.** 그 가게는 일요일에 문을 연다.
- **I will leave at 8 o'clock.** 나는 8시 정각에 출발할 것이다.

WORDS bank 은행 shop 가게 open 열다 leave 떠나다

You'd better go home now.
너는 **지금 집에 가는** 게 좋겠다.

Words

check 확인하다   fever 열   take a break 잠시 쉬다   take 타다

Sentences

- **You'd better check your fever.** 너는 열을 확인하는 게 좋겠다.
- **You'd better take a break.** 너는 잠시 쉬는 게 좋겠다.
- **You'd better take a bus.** 너는 버스를 타는 게 좋겠다.

Dialogue

I don't feel well. I have a headache.
나 몸이 안 좋아. 두통이 있어.

You'd better check your fever.
너는 네 열을 확인하는 게 좋겠다.

7. 문장 공식 – 1형식 문장

I am in **the kitchen.**
나는 **부엌**에 있다.

★ 주어가 있는 위치, 장소 등을 나타낼 때 **be동사 뒤에 전치사구**가 와요.

★ 대표 문장에서 전치사가 없다면 I am the kitchen.(나는 부엌이다.)이 돼요. 여기에 전치사 in을 쓰면 '부엌에 있다'라고 주어가 있는 장소를 표현할 수 있어요.

주어	be동사	➕	전치사구
My cap 내 모자는	is (~에) 있다		behind the box 상자 뒤에

- **They are on the 3rd floor.** 그들은 3층에 있다.
- **A vase is on the table.** 화분 하나가 탁자 위에 있다.
- **My robot is under the bookcase.** 내 로봇이 책장 아래에 있다.

WORDS kitchen 부엌 vase 화분 bookcase 책장

You must be Susan.
당신은 틀림없이 Susan이군요.

Words

proud 자랑스러운 **genius** 천재 **true** 사실인

Sentences

- **You must be proud of yourself.** 너는 틀림없이 스스로가 자랑스러울 거야.

- **You must be a genius.** 너는 천재임에 틀림없어.

- **It must be true.** 그것은 사실이 틀림없어.

Dialogue

I won the gold medal!
나는 금메달을 땄어!

You must be proud of yourself.
넌 틀림없이 스스로가 자랑스러울 거야.

I am Jason.
나는 Jason이다.

★ 주어가 무엇인지를 설명할 때 **be동사**를 써요. 이때 be동사에는 '~이다'라는 뜻만 있으므로, be동사 뒤에 주어가 무엇인지를 보충 설명하는 '**보어**'가 반드시 필요해요.

주어	be동사	+	보어(명사)
I 나는	am ~이다		a teacher 선생님
You 너는	are ~이다		a doctor 의사

- **He is a police officer.** 그는 경찰관이다.
- **She is my aunt.** 그녀는 나의 이모이다.
- **They are my uncles.** 그들은 내 상촌들이다.

WORDS doctor 의사 police officer 경찰관 aunt 이모 uncle 삼촌

I'll help you.
나는 너를 도울 거야.

Words

miss 그립다   try 시도하다   again 다시

Sentences

- **I'll be okay.** 난 괜찮아질 거야.
- **I'll miss you.** 나는 네가 그리울 거야.
- **I'll try again.** 나는 다시 시도할 거야.

Dialogue

I can't find my dog. I'm so sad.
내 강아지를 못 찾겠어. 난 너무 슬퍼.

Don't worry. **I'll** help you.
걱정하지 마. 내가 너를 도울게.

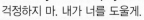

7. 문장 공식 - 2형식 문장

I am **special.**
나는 **특별**하다.

★ '주어는 ~(하)다'라는 뜻으로 주어가 어떠한지 상태를 나타낼 때도 **be동사**를 써요.
이때 be동사 뒤에는 주어의 상태를 보충 설명하는 **형용사 보어**가 필요해요.

주어	be동사	➕	보어(형용사)
I 나는	am ~(하)다		sad 슬픈
She 그녀는	is ~(하)다		hungry 배고픈

- **She is <u>pretty</u>.** 그녀는 예쁘다.
- **It is <u>cute</u>.** 그것은 귀엽다.
- **He is <u>tired</u>.** 그는 피곤하다.
- **They are <u>busy</u>.** 그들은 바쁘다.

WORDS special 특별한 hungry 배고픈 pretty 예쁜 tired 피곤한

Will you **go there by bus?**

너는 거기에 버스 타고 갈 거야?

Words

meet 만나다 **movie** 영화 **festival** 축제

Sentences

- Will you **meet your friend after school?**
  너는 방과 후에 네 친구를 만날 거니?

- Will you **come to the movie festival?**
  너는 영화 축제에 올 거니?

Dialogue

Will you go there by bus?
너는 거기 버스 타고 갈 거야?

No, I won't. I'll go there by subway.
아니. 난 지하철 타고 갈 거야.

Grammar 083

I feel <u>good.</u>
나는 기분이 <u>좋다.</u>

★ look(~처럼 보이다), smell(~한 냄새가 나다), sound(~처럼 들리다), feel(~처럼 느끼다) 등과 같이 감각을 나타내는 동사들 뒤에는 주어의 상태를 설명하는 **형용사 보어**가 와요.

주어	감각동사	➕	보어(형용사)
You 너는	look ~처럼 보이다		happy 행복한
It 그것은	smells ~한 냄새가 나다		good 좋은

- **She looks angry.** 그녀는 화난 것처럼 보인다.
- **Your voice sounds strange.** 네 목소리가 이상한 것처럼 들린다.
- **It smells sweet.** 그것은 달콤한 냄새가 난다.

WORDS angry 화난 voice 목소리 strange 이상한 sweet 달콤한

Hi. I'm Nick. I'm a friend of Katie. You must be her sister, Susan.

안녕, 나는 Nick이야. Katie의 친구야. 넌 틀림없이 그녀의 여동생 Susan이구나.

Hi, Nick. Nice to meet you. Tomorrow is my birthday party. Will you come with Katie?

안녕, Nick. 만나서 반가워. 내일 내 생일 파티가 있는데 Katie랑 같이 올래?

Sure. Thanks!

물론이지. 고마워!

OK. I'll see you then.

알겠어. 그럼 그때 보자.

Words

tomorrow 내일 **birthday** 생일 **then** 그때

★ 우리말에 맞는 문장이 되도록 둘 중 알맞은 것을 고르세요.

01
Birds sing **happy /
happily** .
새들은 행복하게 노래한다.

02
I go **Busan / to Busan** .
나는 부산으로 간다.

03
I am **in the kitchen / the
kitchen** .
나는 부엌에 있다.

04
I am **special / slowly** .
나는 특별하다.

★ 우리말에 맞는 문장이 되도록 밑줄 친 부분을 바르게 고치세요.

05 캥거루들은 높이 뛴다.

   kangaroos **high jump.** ⇨ _____

06 화분 하나가 탁자 위에 있다.

   A vase **is the table.** ⇨ _____

07 그녀는 화난 것처럼 보인다.

   She **sounds angry.** ⇨ _____

08 그들은 바쁘다.

   They **busy are.** ⇨ _____

I'm going to go shopping tomorrow.
나는 내일 쇼핑하러 갈 거야.

Words

choir 합창단 **visit** 방문하다 **grandparents** 조부모님

Sentences

- **I'm going to sing in the choir.**
  나는 합창단에서 노래를 할 거야.

- **I'm going to visit my grandparents.**
  나는 조부모님을 뵈러 갈 거야.

Dialogue

I'm going to go shopping tomorrow. Will you join me?
나는 내일 쇼핑하러 갈 거야. 나랑 같이 갈래?

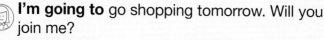

Oh, thanks but I can't.
아, 고맙지만 나는 안 돼.

7. 문장 공식 - 3형식 문장

I want **a doll.**
나는 <u>인형을</u> 원한다.

★ 어떤 동사는 주어가 하는 행동의 대상인 **목적어**를 필요로 해요. 목적어는 주로 문장 안에서 '~을/를'로 해석해요.

주어	동사	➕	목적어
I 나는	like 좋아한다	무엇을?	dogs 개를
I 나는	love 사랑한다	누구를?	you 너를

- I make **spaghetti.** 나는 스파게티를 만든다.
- I have **a funny comic book.** 나는 재미있는 만화책을 갖고 있다.

WORDS doll 인형 funny 재미있는 comic book 만화책

Are you going to **take an acting class?**

너는 **연기 수업을 들을** 거니?

Words

acting 연기 go on a trip 여행가다 basketball 농구

Sentences

- **Are you going to go on a trip this summer?**
  이번 여름에 여행 갈 거니?

- **Are you going to play basketball after school?**
  방과후에 농구 할 거니?

Dialogue

 Are you going to go on a trip this summer?
이번 여름에 여행 갈 거니?

No. I'm going to take an acting class.
아니. 나는 연기 수업 받을 거야.

7. 문장 공식 – 3형식 문장

We make a kite together.

우리는 함께 연을 만든다.

★ 문장의 의미를 자세하게, 그리고 다채롭게 쓰기 위해 수식어구를 추가할 수 있어요.

주어	동사	목적어	➕	수식어구(부사구)
I 나는	love 사랑한다	you 너를	얼만큼?	very much 아주 많이
I 나는	meet 만난다	a new teacher 새로운 선생님을	언제?	today 오늘

- **I really like soccer.** 나는 정말 축구를 좋아한다.
- **We use bottles again.** 우리는 병을 다시 사용한다.

WORDS kite 연 new 새로운 today 오늘 use 사용하다 again 다시

I'm cooking.
나는 요리하고 있어.

Words

do one's best 최선을 다하다 listen to ~을 듣다 newspaper 신문

Sentences

- I'm **doing** my best. 나는 최선을 다하고 있다.
- I'm **listening** to music. 나는 음악을 듣고 있다.
- I'm **reading** the newspaper. 나는 신문을 읽고 있다.

Dialogue

I'm cook**ing**. Can you help me?
나는 요리하고 있어. 너는 나를 도와줄 수 있어?

Sorry, I can't. **I'm** clean**ing**.
미안하지만 안 돼. 나는 청소 중이야.

7. 문장 공식 – 3형식 문장

I save money in a bank.
나는 은행에 돈을 저금한다.

★ 문장의 의미를 자세하게, 그리고 다채롭게 쓰기 위해 전치사구도 붙일 수 있어요.

주어	동사	목적어	➕	수식어구(전치사구)
I 나는	practice 연습한다	basketball 농구를	언제?	in the afternoon 오후에
I 나는	read 읽는다	a book 책을	어디서?	at home 집에서

- **I watch movies in English.** 나는 영어로 영화를 본다.
- **Let's meet at the bus stop.** 버스 정류장에서 만나자.

WORDS save 저축하다　movie 영화　bus stop 버스 정류장

He's **cooking.**
그는 **요리**하고 있어.

Words

bother 성가시게 하다 **learn** 배우다 **sleep** 자다

Sentences

- He's **bother**ing me. 그는 나를 괴롭히고 있어.
- She's **learn**ing English. 그녀는 영어를 배우고 있어.
- My dog is **sleep**ing. 내 강아지는 자고 있어.

Dialogue

 Where is your dad?
너희 아빠는 어디 계셔?

He's **cook**ing in the kitchen.
그는 부엌에서 요리를 하고 있어.

7. 문장 공식 – 4형식 문장

She teaches <u>us</u> <u>math.</u>
그녀는 <u>우리에게</u> <u>수학을</u> 가르친다.

★ give(주다), buy(사 주다), send(보내다), make(만들어 주다), show(보여 주다), teach(가르쳐 주다) 등의 동사 뒤에는 **2개의 목적어**가 필요해요.

주어	동사 ➕	간접 목적어(~에게) ➕	직접 목적어(~을/를)
I 나는	give 주다	you 너에게	money 돈을
I 나는	buy 사준다	them 그들에게	textbooks 교과서들을

- I send <u>my parents</u> <u>gifts.</u> 나는 내 부모님께 선물을 보낸다.
- My parents give <u>me</u> <u>advice.</u> 나의 부모님은 내게 조언을 해 주신다.
- We show <u>people</u> <u>magic tricks.</u> 우리는 사람들에게 마술을 보여 준다.

WORDS math 수학 gift 선물 advice 조언, 충고 magic trick 마술

You're **study**ing hard.
너는 **공부를 열심히** 하고 있구나.

Words

study 공부하다 hard 열심히 laugh 웃다

Sentences

- We're **hav**ing a good time. 우리는 좋은 시간 보내고 있어.
- They're **laugh**ing. 그들은 웃고 있어.
- We're **enjoy**ing the festival. 우리는 그 축제를 즐기고 있어.

Dialogue

You're study**ing** hard.
너는 공부를 열심히 하고 있구나.

Yes. I have a test tomorrow.
응. 난 내일 시험이 있어.

7. 문장 공식 – 5형식 문장

I should keep my room clean.
나는 내 방을 깨끗하게 유지해야 한다.

★ make(~가 …하게 만들다), call(~를 …라고 부르다), keep(~를 …하게 유지하다), find(~가 …라는 것을 알다), leave(~를 …한 채 두다) 등의 동사 뒤에는 목적어와, 목적어를 설명하는 **목적격 보어**가 와요. 목적격 보어 자리에는 형용사나 명사 역할을 하는 말이 와요.

주어	동사 ＋	목적어 ＋	목적격 보어
You 너는	make 만든다	me 나를	happy 행복하게 ★ 목적어(me)의 상태를 나타내는 형용사

- **Leave me alone.** 나를 혼자 내버려 둬.
- **I found the box empty.** 나는 그 상자가 비어 있다는 것을 알았다.
- **You can call me James.** 너는 나를 James라고 불러도 된다.

WORDS clean 깨끗한 alone 혼자인 empty 빈

Are you playing basketball?

너는 농구하고 있어?

Words

watch 보다 **feed** 먹이다 **pants** 바지

Sentences

- **Are you watching TV?** 너는 TV 보고 있니?
- **Is he feeding the cats?** 그는 고양이들에게 먹이를 주고 있니?
- **Is she wearing black pants?** 그녀는 검정 바지를 입고 있니?

Dialogue

> **Are you** watch**ing** TV?
> 너는 TV 보고 있니?

> No, I'm not. I'm feeding my cat.
> 아니. 내 고양이에게 먹이를 주고 있어.

7. 문장 공식 - There is ~

There is **a pond.**
연못이 있다.

★ '～이 있다'라고 말할 때 **There is ~**를 써요. 이때 there은 해석하지 않고, be동사 is에 맞게 뒤에 <u>단수 명사</u>나 <u>셀 수 없는 명사</u>를 써요.

There is
~이 있다

➕

단수 명사,
셀 수 없는 명사

a carrot 당근 하나가
some money 약간의 돈이

- **There is a watermelon.** 수박 한 개가 있다.
- **There is a spoon on the table.** 탁자 위에 숟가락이 하나 있다.
- **There is some food.** 약간의 음식이 있다.

WORDS pond 연못 carrot 당근 watermelon 수박 spoon 숟가락

I'm going to go on a trip this winter. How about you?

나는 이번 겨울에 여행을 갈 거야.
넌 어때?

I'm going to visit Paris with my family.

나는 가족들과 함께 파리에 방문할 예정이야.

Are you going to visit the Eiffel Tower first?

에펠탑을 제일 먼저 방문할 거야?

I don't know yet.

아직 모르겠어.

Words

family 가족 **first** 맨 먼저 **yet** 아직

★ 우리말에 맞는 문장이 되도록 둘 중 알맞은 것을 고르세요.

01
We make **a kite together / together** .
우리는 함께 연을 만든다.

02
She teaches **math us / us math** .
그녀는 우리에게 수학을 가르친다.

03
I found **the box empty / empty the box** .
나는 그 상자가 비어 있다는 것을 알았다.

04
There **are / is** a watermelon.
수박 한 개가 있다.

★ 우리말에 맞는 문장이 되도록 밑줄 친 부분을 바르게 고치세요.

05 연못이 있다.

There **are** a pond. ⇨ _____

06 나의 부모님은 내게 조언을 해 주신다.

My parents give **advice me.** ⇨ _____

07 나는 은행에 돈을 저금한다.

I save money **a bank.** ⇨ _____

08 나는 정말 축구를 좋아한다.

I really **soccer like.** ⇨ _____

What are you doing?

너는 무엇을 하는 중이야?

Words

talk about ~에 대해 이야기 하다 make 만들다 eat 먹다

Sentences

- **What are you talking about?** 너는 무엇에 대해 이야기 하고 있니?

- **What are you making?** 너는 무엇을 만들고 있니?

- **What are you eating?** 너는 무엇을 먹고 있니?

Dialogue

 What are you eating?
너는 무엇을 먹고 있니?

It's tomato soup. Do you want some?
토마토 수프야. 너도 좀 먹을래?

7. 문장 공식 – There are ~

There are five people in my family.

우리 가족에는 다섯 사람이 있다.

★ **There are ~**은 '~이 있다'라는 뜻으로, 동사 are에 맞게 그 뒤에는 <u>복수 명사</u>가 와요.

★ 복수 명사 앞에는 여럿을 나타내는 다양한 수 표현이나 a lot of, many, some 등과 같은 수량 형용사를 쓸 수 있어요.

There are ~ 있다	+	복수 명사	many pencils 많은 연필들이 a lot of audiences 많은 관객들

- **There are a lot of animals in a zoo.** 동물원에 많은 동물들이 있다.
- **There are two coins in my pocket.** 내 주머니 안에 동전 두 개가 있다.
- **There are many sheep under the tree.**
  나무 아래에 많은 양들이 있다.

WORDS family 가족 coin 동전 pocket 주머니 sheep 양

I was **tired.**
나는 피곤했다.

Words

bored 지루한 **nervous** 긴장한 **lucky** 운이 좋은

Sentences

- **I was bored.** 나는 지루했다.
- **I was nervous.** 나는 긴장했었다.
- **I was lucky.** 나는 운이 좋았다.

Dialogue

How was your presentation?
네 발표는 어땠어?

I was very nervous.
나는 엄청 긴장했어.

Grammar 093

7. 문장 공식 – 비인칭 주어 it

It is warm today.
오늘 따뜻하다.

★ 날씨, 날짜, 시간, 요일, 거리, 명암 등을 나타낼 때 주어 자리에 **It**을 써요. 이때 **It**은 아무것도 가리키는 것이 없기 때문에 **'비인칭' 주어**라고 하고 해석하지 않아요.

It is (It's) ➕	날씨/계절	sunny 화창한 cold 추운 winter 겨울 fall 가을
	날짜	December 25th 12월 25일
	시간	ten o'clock 10시 정각 9 p.m. 오후 9시
	요일	Monday 월요일 Tuesday 화요일
	거리	far from here 여기서부터 먼
	명암	bright 밝은 dark 어두운

- **It is Thursday.** 목요일이다.
- **It is July 1st.** 7월 1일이다.
- **It is 9 o'clock.** 9시 정각이다.

WORDS warm 따뜻한 Thursday 목요일 July 7월

Conversation 094

It was **a lot of fun.**
그건 정말 재미있었다.

Words

great 훌륭한 interesting 흥미로운 **a piece of cake** 식은 죽 먹기

Sentences

- It was **great.** 그건 좋았어.
- It was **interesting.** 그건 흥미로웠다.
- It was **a piece of cake.** 그건 식은 죽 먹기다.

Dialogue

How was your vacation?
네 방학은 어땠어?

It was a lot of fun.
정말 재밌었어.

8. 과거 시제 – 일반동사의 과거형

I played basketball.
나는 농구를 했다.

★ 과거에 있었던 일을 나타낼 때 **과거 시제**를 사용해요.

★ 일반동사의 과거형은 보통 주어에 관계 없이 <u>일반동사 끝에 -d나 -ed를 붙여 써요</u>.

대부분의 일반동사	+ -ed	help – help**ed** watch – watch**ed**
-e로 끝나는 동사	+ -d	like – like**d** move – move**d**
「모음+y」로 끝나는 동사	+ -ed	enjoy – enjoy**ed** play – play**ed**
「자음+y」로 끝나는 동사	y 빼고 + -ied	study – stud**ied** try – tr**ied**
「단모음+단자음」으로 끝나는 동사	마지막 자음 추가 + -ed	stop – stop**ped** drop – drop**ped**

- **I studied Spanish.** 나는 스페인어를 공부했다.
- **I dropped my cellphone.** 나는 내 휴대 전화를 떨어뜨렸다.

WORDS watch 보다 try 노력하다 stop 멈추다 drop 떨어뜨리다

They were **artists.**
그들은 **예술가들**이었다.

Words

artist 예술가　**car** 차　**hungry** 배고픈　**wrong** 틀린

Sentences

- **You were in the car.** 너는 차에 있었다.
- **We were hungry.** 우리는 배고팠다.
- **They were wrong.** 그들은 틀렸다.

Dialogue

Who are they?
그들은 누구야?

Picasso and Monet. **They were** artists.
피카소와 모네야. 그들은 예술가였어.

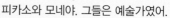

8. 과거 시제 – 일반동사의 과거형

I had a good time.
나는 좋은 시간을 보냈다.

일반동사의 과거형 불규칙 변화

make – made   have – had   teach – taught   sell – sold
buy – bought   catch – caught   give – gave   sing – sang
see – saw   go – went   eat – ate   write – wrote
know – knew   do – did   cut – cut   put – put
read – read *read의 과거형은 현재형과 형태가 같지만 발음은 /red/로 다르게 읽어요.

- **I made a mistake.** 나는 실수를 했다.
- **I went camping with my friend.** 나는 내 친구와 캠핑을 갔다.
- **I wrote a report last night.** 나는 어젯밤에 보고서를 썼다.
- **I read the novel yesterday.** 나는 어제 그 소설을 읽었다.

WORDS catch 잡다   put 두다, 넣다   report 보고서   novel 소설

It wasn't fun.
그건 재미 없었어.

Words

bad 나쁜 easy 쉬운 wise 현명한

Sentences

- It was not **bad.** 나쁘지 않았어.
- It wasn't **easy.** 그건 쉽지 않았어.
- We weren't **wise.** 우리는 현명하지 않았어.

Dialogue

 How was your weekend?
네 주말은 어땠어?

It was not bad.
나쁘지 않았어.

8. 과거 시제 – 일반동사의 시제 비교

Water boils | ~~boiled~~ at 100°C.

물은 100도에서 끓는다.

현재 시제		과거 시제
현재의 상태나 반복적인 일, 변하지 않는 진리 등을 나타낼 때 I **clean** my room every day. 나는 매일 내 방을 청소한다.		과거에 이미 일어났던 일이나 행동을 나타낼 때 I **cleaned** my room yesterday. 나는 어제 내 방을 청소했다.

- I **live** in Berlin. 나는 베를린에 살고 있어.
- I **lived** in Berlin 2 years ago. 나는 2년 전에 베를린에 살았다.
- I **take** a shower every day. 나는 매일 샤워를 한다.
- I **took** a shower last night. 나는 어젯밤에 샤워를 했다.

WORDS boil 끓다 yesterday 어제 ago 전에 take a shower 샤워하다

How was **your day?**
오늘 하루 어땠어?

Words

weekend 주말 **trip** 여행 **holiday** 휴가, 휴일

Sentences

- How was **your weekend?** 주말은 어땠어?
- How was **your trip?** 여행은 어땠어?
- How was **your holiday?** 휴가는 어땠어?

Dialogue

How was your trip?
여행 어땠어?

It was great. I took many pictures.
훌륭했어. 사진을 많이 찍었어.

8. 과거 시제 - be동사의 과거형

It was really delicious.
그것은 정말 맛있었다.

★ 과거의 상태를 나타낼 때 be동사는 **was**나 **were**로 바뀌어요.

★ <u>주어가 I이거나 3인칭 단수</u>일 때는 **was**를 써요.

주어		be동사의 과거형
I / 3인칭 단수 주어	+	**was** ~이었다 / ~(했)다 / ~에 있었다

- **I was very hungry.** 나는 매우 배고팠다.
- **His family was poor.** 그의 가족은 가난했다.
- **Bobby was tired.** Bobby는 피곤했다.
- **The lady was in the restaurant.** 그 여자는 식당 안에 있었다.

WORDS delicious 맛있는 poor 가난한 lady 여자 restaurant 식당

How was your vacation?
네 방학은 어땠니?

It was great! I visited a lot of
cities. How about you?
훌륭했어! 나는 많은 도시를 방문했지. 넌 어때?

It was boring. I wrote a
story for the writing contest.
Do you want to read it?
지루했어. 나는 작문 대회를 위해 글을
한 편 썼어. 그거 읽어볼래?

Sure. Wow, what a long story!
It looks interesting.
물론이지. 와, 긴 이야기구나! 흥미로워 보인다.

It wasn't easy.
그건 쉽지 않았어.

Words

a lot of 많은 **city** 도시 **boring** 지루한 **long** 긴

★ 우리말에 맞는 문장이 되도록 둘 중 알맞은 것을 고르세요.

01
It **is / was** really delicious.
그것은 정말 맛있었다.

02
I **plaied / played** basketball.
나는 농구를 했다.

03
There **are / is** five people in my family.
우리 가족에는 다섯 사람이 있다.

04
There / It is warm today.
오늘 따뜻하다.

★ 우리말에 맞는 문장이 되도록 밑줄 친 부분을 바르게 고치세요.

05 물은 100도에서 끓는다.

Water **boiled** at 100℃. ⇨ _____

06 나는 매우 배고팠다.

I **am** very hungry. ⇨ _____

07 나는 어젯밤에 샤워를 했다.

I **take** a shower last night. ⇨ _____

08 나는 어젯밤에 보고서를 썼다.

I **writed** a report last night. ⇨ _____

I watched
a basketball game.
나는 농구 경기를 보았다.

Words

clean 청소하다 room 방 homework 숙제

Sentences

- I **cleaned** my room. 나는 내 방을 치웠다.
- I **finished** my homework. 나는 내 숙제를 끝마쳤다.
- I **wanted** more money. 나는 더 많은 돈을 원했다.

Dialogue

 What did you do yesterday?
너는 어제 뭐 했어?

I watched a basketball game.
나는 농구 경기를 봤어.

8. 과거 시제 – be동사의 과거형

We were very happy.
우리는 정말 행복했다.

★ 주어가 <u>You</u>(너)이거나 <u>복수</u>일 때 과거의 상태를 나타내는 be동사 **were**를 써요.

주어		be동사의 과거형
You / 복수 주어	+	**were** ~이었다 / ~(했)다 / ~에 있었다

- **They were great artists**. 그들은 훌륭한 예술가였다.
- **You were lazy.** 너는 게을렀다.
- **They were in the same place.** 그들은 같은 장소에 있었다.
- **Some eggs were in the refrigerator.** 달걀 몇 개가 냉장고 안에 있었다.

WORDS lazy 게으른 same 같은 place 장소 refrigerator 냉장고

I studied math.
나는 **수학을** 공부했다.

Words

drop 떨어뜨리다   dance 춤추다   together 함께, 같이

Sentences

- **The baby cried a lot.** 그 아기는 많이 울었어.
- **I dropped my wallet.** 나는 내 지갑을 떨어뜨렸어.
- **We danced together.** 우리는 같이 춤을 췄어.

Dialogue

What is the baby doing?
그 아기는 뭐하고 있어?

She is sleeping now. **She** cried a lot.
그녀는 지금 자고 있어. 많이 울었었거든.

8. 과거 시제 – be동사의 시제 비교

It is | was snowy yesterday.

어제 눈이 왔다.

주어	be동사 현재 시제 **VS**	be동사 과거 시제
I	am	was
He/She/It/단수 명사	is	
We/You/They/복수 명사	are	were

- **The answer is wrong.** 그 답은 틀리다.
- **The answer was wrong.** 그 답은 틀렸다.
- **You are a shy girl.** 너는 수줍음이 많은 소녀이다.
- **You were a shy girl.** 너는 수줍음이 많은 소녀였다.

WORDS answer 대답 wrong 틀린 shy 수줍음이 많은

I had **a great time.**
나는 좋은 시간을 보냈어.

Words

amusement park 놀이공원 gift 선물 see 보다

Sentences

- I went **to an amusement park.** 나는 놀이공원에 갔어.
- I made **a gift for you.** 나는 널 위한 선물을 만들었어.
- I saw **your brother at the concert.**
  나는 콘서트에서 네 남동생을 봤어.

Dialogue

 What is this?
이건 뭐야?

 This is for you. **I made** a gift.
이건 널 위한 거야. 내가 선물을 만들었어.

Grammar 101

I am wearing a skirt.
나는 치마를 입고 있다.

★ **현재진행 시제**는 '~하고 있다', '~하는 중이다'라는 의미로 현재 일어나고 있는 일을 나타낼 때 써요.

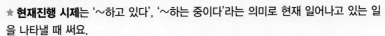

주어		be동사 현재형 + 동사의 -ing형
I		**am** + 일반동사의 -ing형
She/He/It/단수 명사	+	**is** + 일반동사의 -ing형
We/You/They/복수 명사		**are** + 일반동사의 -ing형

- **I am washing the dishes.** 나는 설거지를 하고 있다.
- **She is looking for her wallet.** 그녀는 그녀의 지갑을 찾고 있다.
- **We are doing our best.** 우리는 최선을 다하고 있다.

WORDS wear 입다 wash the dishes 설거지를 하다 look for ~을 찾다

I didn't cry.
나는 울지 않았다.

Words

believe 믿다 give up 포기하다 know 알다

Sentences

- I didn't **believe you.** 나는 너를 믿지 않았다.
- I didn't **give up.** 나는 포기하지 않았다.
- I didn't **know that.** 나는 그것을 알지 못했다.

Dialogue

Jason didn't come to school yesterday.
Jason은 어제 학교에 안 왔어.

Really? **I didn't** know that.
정말? 난 그것을 몰랐어.

9. 진행 시제 – 현재진행 시제

He is sleeping now.
그는 지금 자고 있다.

★ 동사의 -ing형을 만드는 규칙:

대부분 일반동사	동사원형 + -ing	go - go**ing** sing - sing**ing** clean - clean**ing** read - read**ing**
-e로 끝나는 일반동사	e 빼고 + -ing	come - com**ing** write - writ**ing** make - mak**ing** dance - danc**ing**
「단모음+단자음」으로 끝나는 일반동사	마지막 자음 추가 + -ing	cut - cut**ting** sit - sit**ting** plan - plan**ning** run - run**ning**

● **All the stars are shining.** 모든 별들이 빛나고 있다.
● **She is planning her trip.** 그녀는 여행을 계획하고 있다.

WORDS cut 자르다 star 별 shine 빛나다 plan 계획하다 trip 여행

Did you have lunch?
너는 **점심을 먹었니?**

Words

win 이기다, 우승하다　race 경주　see 보다　rainbow 무지개

Sentences

- **Did you win the race?** 너는 경주에서 이겼니?
- **Did you see the rainbow yesterday?**
  너는 어제 무지개를 보았니?
- **Did you have fun?** 너는 재밌었니?

Dialogue

 Did you see the rainbow yesterday?
너는 어제 무지개를 봤니?

Yes, I did. It was big and beautiful.
응, 봤어. 그것은 크고 아름다웠어.

9. 진행 시제 – 과거진행 시제

I was wearing a blue jacket.
나는 파란 재킷을 입고 있었다.

★ **과거진행 시제**는 '~하고 있었다', '~하는 중이었다'라는 의미로 과거에 하고 있었던 일을 나타낼 때 써요.

주어		be동사 과거형 + 동사의 -ing형
I		**was** + 일반동사의 -ing형
She/He/It/단수 명사	+	
We/You/They/복수 명사		**were** + 일반동사의 -ing형

- **He was reading a newspaper.** 그는 신문을 읽고 있었다.
- **We were taking a walk.** 우리는 산책을 하고 있었다.
- **They were baking a cake.** 그들은 케이크를 굽고 있었다.

WORDS blue 파란 newspaper 신문 take a walk 산책하다 bake 굽다

Conversation 104

What did you do yesterday?

너는 어제 무엇을 했니?

Words

yesterday 어제 last 지난 weekend 주말 during ~ 동안

Sentences

- **What did you do last weekend?**
  너는 지난 주말에 무엇을 했니?

- **What did you do during summer vacation?**
  너는 여름 방학 동안 무엇을 했니?

Dialogue

What did you do during summer vacation?
너는 여름 방학 동안 무엇을 했니?

I went to the beach. It was great.
나는 바다에 갔어. 그건 좋았어.

9. 진행 시제 - 현재진행 시제 비교

I am studying | study now.

나는 지금 공부하는 중이다.

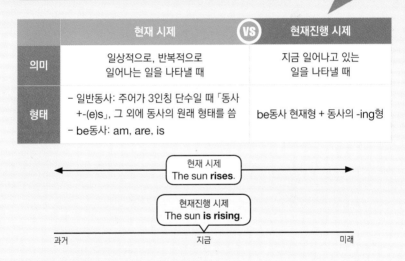

	현재 시제	vs	현재진행 시제
의미	일상적으로, 반복적으로 일어나는 일을 나타낼 때		지금 일어나고 있는 일을 나타낼 때
형태	- 일반동사: 주어가 3인칭 단수일 때 「동사 +-(e)s」, 그 외에 동사의 원래 형태를 씀 - be동사: am, are, is		be동사 현재형 + 동사의 -ing형

현재 시제
The sun **rises**.

현재진행 시제
The sun **is rising**.

과거　　　　　　　　　지금　　　　　　　　　미래

- **Julia always wear nice clothes.** Julia는 항상 멋진 옷을 입는다.
- **Julia is wearing nice clothes.** Julia는 멋진 옷을 입고 있다.

WORDS nice 멋진 clothes 옷, 의복

Did you have a good weekend?
너는 좋은 주말 보냈니?

Yes, I did. **I went to** the zoo. It was interesting.
What did you do last weekend?
응. 나는 동물원에 갔어. 그건 흥미로웠어.
너는 지난 주말에 뭐했니?

I did my math homework.
나는 수학 숙제를 했어.

Did you finish your homework?
너는 네 숙제를 끝냈니?

No, **I didn't** know the answers.
아니, 나는 답을 모르겠어.

Words

good 좋은 **zoo** 동물원 **interesting** 흥미로운 **finish** 끝내다, 마치다

★ 우리말에 맞는 문장이 되도록 둘 중 알맞은 것을 고르세요.

01
It **is / was** snowy
yesterday.
어제 눈이 왔다.

02
She is **planing /
planning** her trip.
그녀는 여행을 계획하고 있다.

03
All the stars **were / are**
shining.
모든 별들이 빛나고 있다.

04
I **was / am** wearing a
blue jacket.
나는 파란 재킷을 입고 있었다.

★ 우리말에 맞는 문장이 되도록 밑줄 친 부분을 바르게 고치세요.

05 그들은 같은 장소에 있었다.

They **was** in the same place. ⇨ _____

06 나는 치마를 입고 있다.

I **wear** a skirt. ⇨ _____

07 그는 지금 자고 있다.

He **was sleeping** now. ⇨ _____

08 우리는 정말 행복했다.

We **are** very happy. ⇨ _____

When did you go there?

거기 언제 갔어?

Words

arrive 도착하다 last 가장 최근에 start 시작하다 learn 배우다

Sentences

- **When did you arrive?** 언제 도착했어?
- **When did you see him last?** 그를 가장 최근에 언제 봤어?
- **When did you start learning English?**
  언제 영어를 배우기 시작했어?

Dialogue

When did you go to Paris?
파리는 언제 갔어?

I went there last summer.
나는 거기 지난 여름에 갔어.

9. 진행 시제 – 과거진행 시제 비교

I was watching I ~~watched~~ TV.

나는 TV를 보고 있었다.

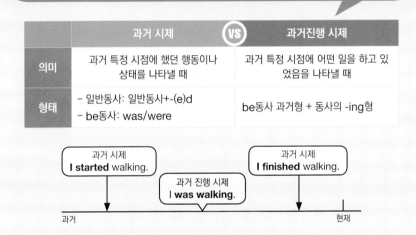

	과거 시제	VS	과거진행 시제
의미	과거 특정 시점에 했던 행동이나 상태를 나타낼 때		과거 특정 시점에 어떤 일을 하고 있었음을 나타낼 때
형태	– 일반동사: 일반동사+-(e)d – be동사: was/were		be동사 과거형 + 동사의 -ing형

과거 시제
I started walking.

과거 진행 시제
I was walking.

과거 시제
I finished walking.

과거   현재

- **I watched TV last night.** 나는 어젯밤에 TV를 봤다.
- **I played the piano yesterday.** 나는 어제 피아노를 쳤다.
- **I was playing the piano.** 나는 피아노를 치고 있었다.

WORDS   **watch** 시청하다, 보다   **start** 시작하다   **finish** 끝내다, 마치다

Where **did you see him?**

너는 그를 어디서 봤어?

Words

skirt 치마 **save** 저장하다 **find** 찾다 **necklace** 목걸이

Sentences

- Where **did you buy the skirt?** 그 치마는 어디서 샀어?
- Where **did you save the file?** 그 파일은 어디에 저장했어?
- Where **did you find your necklace?**
  네 목걸이는 어디서 찾았어?

Dialogue

 Where did you buy this skirt?
이 치마 어디서 샀어?

I bought it online.
인터넷으로 샀어.

10. 미래 시제 - 조동사 will

I will go home.
나는 집에 갈 것이다.

★ **미래 시제**는 앞으로 일어날 일을 예측하거나 미래의 계획을 나타낼 때 써요.

★ 이때 '~할 것이다'라는 의미의 **조동사 will**을 쓰고, 뒤에 동사의 원래 형태를 쓰면 돼요. 주어에 따라 조동사와 동사의 모양이 바뀌지 않는다는 것에 주의해요.

모든 주어		조동사 will + 동사원형
I 나는	+	**will** study 공부할 것이다

- **I will take pictures.** 나는 사진을 찍을 것이다.
- **Jason and I will go to the zoo.** Jason과 나는 동물원에 갈 것이다.
- **Emma will learn English.** Emma는 영어를 배울 것이다.

WORDS take pictures 사진을 찍다 **zoo** 동물원

Why **did you say that?**
왜 그런 말을 했어?

Words

stay up late 늦게까지 자지 않다 **lie** 거짓말하다 **future** 미래

Sentences

- Why **did you stay up late?** 왜 늦게 잠들었어?
- Why **did you lie to me?** 왜 나에게 거짓말 했어?
- Why **did you want to be a nurse in the future?**
  너는 왜 미래에 간호사가 되길 원했어?

Dialogue

Why did you stay up late?
왜 늦게까지 안자고 있었어?

I watched a movie. It was out of this world!
영화를 봤어. 그건 정말 최고였어!

10. 미래 시제 – be going to

I am going to arrive soon.

나는 곧 도착할 것이다.

★ 앞으로 일어날 일을 예측하거나 미래의 계획을 나타낼 때 「be going to + 동사원형」을 사용할 수 있어요.

주어		be going to + 동사원형
I	+	**am going to** study 공부할 것이다
She/He/It/단수 명사		**is going to** study 공부할 것이다
We/You/They/복수 명사		**are going to** study 공부할 것이다

- **I am going to be a middle school student.** 나는 중학생이 될 것이다.
- **She is going to move tomorrow.** 그녀는 내일 이사할 것이다.
- **They are going to take photos.** 그들은 사진을 찍을 것이다.

WORDS soon 곧 middle school 중학교 move 이사하다 photo 사진

Who are you?
너는 누구니?

Words

girl 소녀 older 나이가 더 많은 call 전화하다

Sentences

- **Who is that girl?** 저 소녀는 누구인가요?
- **Who is older?** 누가 더 나이가 많니?
- **Who's calling?** 전화 건 사람은 누구시죠?

Dialogue

 Who's calling, please?
전화 건 사람은 누구시죠?

This is Leo. May I speak to Ben?
저는 Leo예요. Ben과 통화할 수 있어요?

11. 부정문 공식 – be동사 현재 시제

I am not a teacher.
나는 선생님이 아니다.

★ **부정문**은 '~이 아니다' 또는 '~하지 않는다'라고 주어와 동사의 관계를 부정하는 문장이에요.

★ **be동사의 부정문**은 <u>be동사 뒤에 not</u>을 붙여요.

주어	be동사 현재형 + not
I 나는	**am not** ~이 아니다 / (~하지) 않다 / ~에 없다

am not은 줄여 쓸 수 없어요.

- **I am not a good dancer.** 나는 훌륭한 댄서가 아니다.
- **I am not sure.** 나는 확실하지 않다.
- **I am not in the office.** 나는 사무실에 없다.

WORDS teacher 선생님 good 좋은, 훌륭한 sure 확실한 office 사무실

Why **are you angry?**
왜 화가 났어?

Words

scared 무서운 wear 입다 same 같은 fight 싸우다

Sentences

- **Why are you scared?** 왜 무서워하고 있어?
- **Why are you crying?** 왜 울고 있어?
- **Why are they wearing the same clothes?**
  그들은 왜 똑같은 옷을 입고 있어?

Dialogue

 Why are you crying?
왜 울고 있어?

I fought with my friend, Mari.
내 친구 Mari와 싸웠어.

Grammar 110

He is not alone.
그는 혼자가 아니다.

주어		be동사 현재형 + not
3인칭 단수 주어	+	**is not(=isn't)** ~이 아니다 / (~하지) 않다 / ~에 없다

is not을 줄여서 isn't로 쓸 수 있어요.

- **She is not a thief.** 그녀는 도둑이 아니다.
- **He is not famous.** 그는 유명하지 않다.
- **This story isn't interesting.** 이 이야기는 흥미롭지 않다.

WORDS thief 도둑 famous 유명한 story 이야기 interesting 흥미로운

What are you going to do this weekend?
이번 주말에 너는 무엇을 할 거니?

Words

when 언제 where 어디

Sentences

- **When are you going to finish your homework?**
  너는 네 숙제를 언제 끝낼 거니?

- **Where are you going to visit first?**
  어디를 제일 먼저 방문할 거야?

Dialogue

 What are you going to do this weekend?
이번 주말에 너는 무엇을 할 거니?

I'm going to watch a movie.
나는 영화를 볼 거야.

11. 부정문 공식 - be동사 현재 시제

You are not a liar.
너는 거짓말쟁이가 아니다.

주어		be동사 현재형 + not
You / 복수 주어	+	**are not(=aren't)** ~이 아니다 / (~하지) 않다 / ~에 없다

are not을 줄여서 aren't로 쓸 수 있어요.

- **We are not at the market.** 우리는 시장에 없다.
- **They are not mine.** 그것들은 내 것이 아니다.
- **The tomatoes aren't fresh.** 그 토마토들은 신선하지 않다.

WORDS liar 거짓말쟁이 market 시장 tomato 토마토 fresh 신선한

I bought a new suit.
나는 새 정장을 샀어.

Why did you buy it?
그걸 왜 샀어?

I'm going to wear it to the graduation.
졸업식에 입으려고.

Where did you buy it?
그거 어디서 샀어?

At the ABC department store.
ABC 백화점에서.

Words

suit 정장 **graduation** 졸업식 **department store** 백화점

★ 우리말에 맞는 문장이 되도록 둘 중 알맞은 것을 고르세요.

01
You **are not / is not** a liar.
너는 거짓말쟁이가 아니다.

02
I **go will / will go** home.
나는 집에 갈 것이다.

03
He **is / is not** alone.
그는 혼자가 아니다.

04
I **am not / not am** a teacher.
나는 선생님이 아니다.

★ 우리말에 맞는 문장이 되도록 밑줄 친 부분을 바르게 고치세요.

05 그것들은 내 것이 아니다.
They **is not** mine. ⇨ _____

06 나는 곧 도착할 것이다.
I **am to going** arrive soon. ⇨ _____

07 그녀는 도둑이 아니다.
She **is** a thief. ⇨ _____

08 나는 사진을 찍을 것이다.
I **take will** pictures. ⇨ _____

Conversation 113

Which one do you like?
너는 어느 것이 좋니?

Words

team 팀 **support** 지지하다 **type** 유형

Sentences

- **Which school do you go to?** 어느 학교에 다니고 있어?
- **Which team do you support?** 어느 팀을 응원해?
- **Which one is your favorite?** 너는 어느 게 좋니?

Dialogue

 There are many types of pizza on the menu.
메뉴에 많은 종류의 피자가 있네.

Which one do you like best?
너는 어느 것이 제일 좋니?

It was not my fault.
그것은 내 잘못이 아니었다.

주어		be동사 과거형 + not
I / 3인칭 단수 주어	+	**was not(=wasn't)** ~이 아니었다 / (~하지) 않았다 / ~에 없었다

was not을 줄여서 wasn't로 쓸 수 있어요.

- **I was not tired.** 나는 피곤하지 않았다.
- **She was not friendly.** 그녀는 친절하지 않았다.
- **The sky wasn't clear.** 하늘은 맑지 않았다.

WORDS fault 잘못 friendly 친절한 sky 하늘 clear 맑은

What time **is it?**
몇 시야?

Words

day 요일 **grade** 학년 **club** 동아리

Sentences

- **What day is it?** 무슨 요일이야?
- **What grade are you in?** 너는 몇 학년이니?
- **What club are you in?** 너는 무슨 동아리에 있니?

Dialogue

What time is it now?
지금 몇 시야?

It's 7 o'clock.
7시 정각이야.

11. 부정문 공식 – be동사 과거 시제

We were not wise.
우리는 현명하지 않았다.

주어		be동사 과거형 + not
You / 복수 주어	+	**were not(=weren't)** ~이 아니었다 / (~하지) 않았다 / ~에 없었다

were not을 줄여서 weren't로 쓸 수 있어요.

- **You** were not **sleepy.** 너는 졸리지 않았다.
- **We** were not **in the same club.** 우리는 같은 동아리에 있지 않았다.
- **They** were not **bored.** 그들은 지루하지 않았다.
- **The cameras** weren't **yours.** 그 카메라들은 네 것이 아니었다.

WORDS wise 현명한 sleepy 졸린 bored 지루한 camera 카메라

What season do you like?
너는 무슨 계절을 좋아해?

Words

class 수업 kind 종류 movie 영화 most 가장

Sentences

- **What classes do you have?** 너는 무슨 수업을 듣고 있니?
- **What kind of food do you want?** 너는 어떤 종류의 음식을 좋아해?
- **What kind of movies do you like?** 너는 무슨 종류의 영화를 좋아해?

Dialogue

What animal do you like the most?
너는 무슨 동물을 가장 좋아하니?

I like all kinds of animals.
나는 모든 종류의 동물을 좋아해.

11. 부정문 공식 – 일반동사 현재 시제

I don't know.
나는 모른다.

주어	+	일반동사 현재 시제의 부정
I / You / 복수 주어		**do not** + 동사원형 **(=don't)** ~하지 않다

do not을 줄여서 don't로 쓸 수 있어요.

- **You don't have a brush.** 너는 붓을 갖고 있지 않다.
- **We don't go outside today.** 우리는 오늘 밖으로 나가지 않는다.
- **They don't like math.** 그들은 수학을 좋아하지 않는다.

WORDS know 알다 brush 붓 outside 밖으로 math 수학

Conversation 116

Whose car is this?
이것은 누구의 차입니까?

Words

gloves 장갑 watch 손목시계 ring 반지

Sentences

- **Whose gloves are these?** 이것들은 누구의 장갑입니까?
- **Whose watch is this?** 이것은 누구의 손목시계입니까?
- **Whose ring is that?** 저것은 누구의 반지입니까?

Dialogue

 Whose watch is this? I found it in the classroom.
이건 누구의 손목시계야? 난 그걸 교실에서 찾았어.

It's Jenny's. She lost it.
그건 Jenny거야. 그녀는 그것을 잃어 버렸어.

11. 부정문 공식 – 일반동사 현재 시제

He doesn't know anything.
그는 아무것도 모른다.

주어		일반동사 현재 시제의 부정
3인칭 단수 주어	+	**does not** + 동사원형 **(=doesn't)** ~하지 않다

does not을 줄여서 doesn't로 쓸 수 있어요.

- **She doesn't look good today.** 그녀는 오늘 좋아 보이지 않는다.
- **It doesn't open.** 그것은 열리지 않는다.
- **Allison doesn't like bugs.** Allison은 벌레를 좋아하지 않는다.

WORDS anything 아무것도 open 열다 bug 벌레

How old are you?
너는 몇 살이니?

Words

old 나이가 든 **tall** 키가 큰 **far** 먼

Sentences

- **How much is it?** 얼마인가요?
- **How tall is the building?** 그 건물은 얼마나 높나요?
- **How far is your school?** 네 학교는 얼마나 먼가요?

Dialogue

 I'm 13 years old. **How old** are you?
난 13살이야. 너는 몇 살이니?

Me, too. We are the same age!
나도 그래. 우린 같은 나이야!

11. 부정문 공식 – 일반동사 과거 시제

You didn't give up.
너는 포기하지 않았다.

주어		일반동사 과거 시제의 부정
모든 주어	+	**did not** + 동사원형 **(=didn't)** ~하지 않았다

did not을 줄여서 didn't로 쓸 수 있어요.

- **I didn't do my homework.** 나는 숙제를 하지 않았다.
- **He didn't believe me.** 그는 나를 믿지 않았다.
- **We didn't study much.** 우리는 공부를 많이 안했다.

WORDS give up 포기하다 do one's homework 숙제를 하다 believe 믿다

How often do you wash your hands?

너는 얼마나 자주 손을 씻니?

Words

wash 씻다 exercise 운동하다 every week 매주

Sentences

- **How often do you brush your teeth?**
  너는 얼마나 양치를 자주 하니?

- **How often do you exercise every week?**
  너는 매주 운동을 얼마나 자주 하니?

Dialogue

 How often do you brush your teeth?
너는 얼마나 자주 양치를 하니?

Twice a day.
하루에 두 번 해.

11. 부정문 공식 – 조동사 can

I can't run **fast.**
나는 빨리 달릴 수 없다.

주어		조동사 can의 부정
모든 주어	+	**cannot** + 동사원형 **(=can't)** ~할 수 없다

cannot을 줄여서 can't로 쓸 수 있어요.

- **You can't bring your dog.** 너는 네 강아지를 데리고 올 수 없다.
- **He can't play basketball well.** 그는 농구를 잘 못한다.
- **Emily can't find her cat.** Emily는 그녀의 고양이를 찾을 수 없다.

WORDS run 달리다 fast 빨리 bring 가져오다 find 찾다

Nelson, what time is it now?
Nelson, 지금 몇 시니?

It's 1 p.m. It's time for lunch.
오후 1시요. 점심 먹을 시간이에요.

I made potato and tuna sandwiches. Which one do you like better?
내가 감자 샌드위치랑 참치 샌드위치를 만들었어. 어느 것이 더 좋니?

I'll have the potato sandwich. Thanks, Mom.
저는 감자 샌드위치로 할게요.
감사해요, 엄마.

Words

potato 감자 **tuna** 참치

★ 우리말에 맞는 문장이 되도록 둘 중 알맞은 것을 고르세요.

01
I don't / doesn't know.
나는 모른다.

02
It **wasn't / weren't** my fault.
그것은 내 잘못이 아니었다.

03
You **didn't / don't** give up.
너는 포기하지 않았다.

04
We **weren't / aren't** wise.
우리는 현명하지 않았다.

★ 우리말에 맞는 문장이 되도록 밑줄 친 부분을 바르게 고치세요.

05 그는 아무것도 모른다.

  He **doesn't knows** anything. ⇨ _____

06 나는 피곤하지 않았다.

  I **were not** tired. ⇨ _____

07 나는 숙제를 하지 않았다.

  I **did do not** my homework. ⇨ _____

08 나는 빨리 달릴 수 없다.

  I **run can't** fast. ⇨ _____

Conversation 120

Why don't you join us?
함께 하는 게 어때?

Words

inside 안에 give it a try 시도하다

Sentences

- **Why don't you wait inside?** 안에서 기다리는 게 어때?
- **Why don't you give it a try?** 시도해 보는 게 어때?
- **Why don't we take a break?** 우리 쉬는 게 어때?

Dialogue

It's cold. **Why don't we** wait inside?
춥네. 우리 안에서 기다리는 게 어때?

That's a good idea.
좋은 생각이야.

Grammar 120

It will not be easy.
그것은 쉽지 않을 것이다.

주어		조동사 will의 부정
모든 주어	+	**will not** + 동사원형 **(=won't)** (~하지) 않을 것이다

will not을 줄여서 won't로 쓸 수 있어요.

- **I won't go to the library.** 나는 도서관에 가지 않을 것이다.
- **He won't give up his dream.** 그는 그의 꿈을 포기하지 않을 것이다.
- **They won't come to the party.** 그들은 파티에 오지 않을 것이다.
- **Monica won't buy a new mirror.** Monica는 새 거울을 사지 않을 것이다.

WORDS easy 쉬운 dream 꿈 new 새로운 mirror 거울

How about **at ten?**

10시는 어때?

Words

listen to ~을 듣다 turn on 켜다 light 조명, 불

Sentences

- How about **listening to music?** 음악을 듣는 게 어때?
- What about **singing together?** 함께 노래를 부르는 게 어때?
- What about **turning on the lights?** 불을 키는 게 어때?

Dialogue

How about listening to music?
음악을 듣는 게 어때?

No, I don't like music.
아니, 나는 음악을 안 좋아해.

11. 부정문 공식 – 조동사 should

We should not be late.
우리는 늦어서는 안 된다.

주어		조동사 should의 부정
모든 주어	+	**should not** + 동사원형 **(=shouldn't)** ~해서는 안 된다, ~하지 않는 게 좋다

should not을 줄여서 shouldn't로 쓸 수 있어요.

- **They should not sing at night.** 그들은 밤에 노래를 불러서는 안 된다.
- **He shouldn't change his mind.** 그는 그의 마음을 바꾸어서는 안 된다.
- **People shouldn't hurt animals.** 사람들은 동물들을 다치게 해서는 안 된다.

WORDS change 바꾸다 mind 마음 hurt 다치게 하다 animal 동물

Let's dance together!
다같이 춤 추자!

Words

snowman 눈사람   take a walk 산책하다   outside 밖에

Sentences

- **Let's make a snowman.** 눈사람을 만들자.
- **Let's take a walk.** 산책하자.
- **Let's go outside.** 밖에 나가자.

Dialogue

 Look! It's snowing.
봐! 눈이 오고 있어.

Let's make a snowman!
눈사람을 만들자!

11. 부정문 공식 – 조동사 must

You must not park here.
너는 여기에 주차해서는 안 된다.

주어		조동사 must의 부정
모든 주어	+	**must not** + 동사원형 **(= mustn't)** ~해서는 안 된다

must not을 줄여서 mustn't로 쓸 수 있어요.

- **She must not download the file.** 그녀는 그 파일을 내려 받으면 안 된다.
- **They must not bring any food in the museum.**
  그들은 박물관에 어떤 음식도 들고 오면 안 된다.
- **Children must not jump into the water.**
  어린이들은 물에 뛰어 들어서는 안 된다.

WORDS park 주차하다 museum 박물관 jump into 뛰어 들다

I'm into cooking.
나는 요리에 빠져 있어요.

Words

work out 운동하다 really 정말 so 너무, 정말

Sentences

- **I'm into working out.** 나는 운동하는 데 빠져 있어.
- **I'm really into you.** 나는 정말 너에게 빠져 있어.
- **I'm so into playing tennis.** 나는 테니스 치는 것에 너무 빠져 있어.

Dialogue

What are you doing in the kitchen?
너는 부엌에서 뭐하고 있니?

I'm making pizza. **I'm into** cooking these days.
나는 피자를 만들고 있어. 나는 요즘 요리에 빠져 있어.

11. 부정문 공식 – have to[has to]

I don't have to <u>hurry</u>.
나는 <u>서두를</u> 필요가 없다.

★ have[has] to는 '~해야 한다'라는 의무의 뜻을 가졌지만, 여기에 not을 붙인 부정 형태는 '~할 필요는 없다'라는 뜻이 돼요.

주어		have[has] to의 부정
I / You / 복수 주어	+	**<u>don't</u> have to** + 동사원형 ~할 필요 없다
3인칭 단수 주어		**<u>doesn't</u> have to** + 동사원형 ~할 필요 없다

- **You** don't have to **lie to me.** 너는 내게 거짓말을 할 필요 없다.
- **He** doesn't have to **knock.** 그는 노크할 필요 없다.
- **Jenny** doesn't have to <u>worry</u>. Jenny는 걱정할 필요 없다.

WORDS lie 거짓말하다 knock 노크하다 worry 걱정하다

I'm interested in music.
나는 음악에 관심이 있다.

Words

history 역사 protect 보호하다 nature 자연

Sentences

- **I'm interested in Korean history.**
  나는 한국의 역사에 관심이 있다.

- **I'm interested in protecting nature.**
  나는 자연을 보호하는 것에 관심이 있다.

Dialogue

What are you interested in?
너는 무엇에 관심이 있어?

I'm interested in music.
나는 음악에 관심이 있어.

12. 의문문 공식 – 일반동사 현재 시제

Do **you** have glasses?
너는 안경을 갖고 있니?

★ **일반동사를 사용하여 의문문을 만들 때도 주어에 맞게 do나 does를 활용해요.**
→ 물을 때: **Do** + 주어(I/You/복수) + **동사원형** ~?

평서문	You **like** fall.	너는 가을을 좋아한다.

▼

의문문	**Do** you **like** fall?	너는 가을을 좋아하니?

- **Do you have scissors?** 너는 가위를 갖고 있니?
- **Do zebras have many stripes?** 얼룩말들은 많은 줄무늬를 갖고 있니?

WORDS glasses 안경 scissors 가위 zebra 얼룩말 stripe 줄무늬

Are you interested in **sports?**
너는 **스포츠**에 관심이 있니?

Words

space 우주 issue 문제, 이슈 environment 환경

Sentences

- **Are you interested in space?** 너는 우주에 관심이 있니?
- **Are you interested in the issue?** 너는 그 문제에 대해 관심이 있니?
- **Are you interested in the environment?** 너는 환경에 관심이 있니?

Dialogue

Are you interested in sports?
너는 스포츠에 관심 있니?

Yes. I'm really interested in playing soccer.
응. 나는 축구하는 것에 관심이 정말 많아.

12. 의문문 공식 – 일반동사 현재 시제

Does <u>he</u> eat vegetables?

<u>그는</u> 채소를 먹나요?

★ 3인칭 단수 주어인 경우 맨 앞에 Does를 쓰고, <u>주어 뒤에는 동사원형</u>이 와요.
→ 물을 때: **Does** + 주어(3인칭 단수) + **동사원형** ~?

평서문	He **likes** fall.	그는 가을을 좋아한다.

▼

의문문	**Does** <u>he</u> like fall?	그는 가을을 좋아하니?

- **Does <u>she</u> speak German well?** 그녀는 독일어를 잘 하나요?
- **Does <u>Mike</u> have a fever?** Mike는 열이 있나요?

WORDS vegetable 채소 German 독일어 fever 열

What are you interested in?
너는 무엇에 관심이 있니?

I'm interested in protecting nature.
Are you interested in the issue?
나는 자연을 보호하는 것에 관심이 있어.
너도 그 문제에 관심 있어?

Yes, I am. Why don't we take part in a plogging campaign?
응, 있어. 우리 달리면서 쓰레기 줍기 운동에 참여하는 게 어때?

Sounds great. We can save the Earth.
좋아. 우리는 지구를 지킬 수 있을 거야.

Words

take part in 참여하다 **campaign** 캠페인, 운동

★ 우리말에 맞는 문장이 되도록 둘 중 알맞은 것을 고르세요.

01
It **doesn't / won't** be easy.
그것은 쉽지 않을 것이다.

02
Does / Do he eat vegetables?
그는 채소를 먹나요?

03
We **should not / will not** be late.
우리는 늦어서는 안 된다.

04
You **must / must not** park here.
너는 여기에 주차해서는 안 된다.

★ 우리말에 맞는 문장이 되도록 밑줄 친 부분을 바르게 고치세요.

05 나는 도서관에 가지 않을 것이다.

I **can't** go to the library. ⇨ _____

06 너는 내게 거짓말을 할 필요 없다.

You **doesn't have to** lie to me. ⇨ _____

07 그는 그의 마음을 바꾸어서는 안 된다.

He **should change** his mind. ⇨ _____

08 너는 안경을 갖고 있니?

You do have glasses? ⇨ _____

Conversation 127

I'm ready to go.
나는 갈 준비가 됐어.

Words

leave 떠나다, 출발하다 climb 오르다 work 일하다

Sentences

- **I'm ready to leave.** 나는 출발할 준비가 됐다.
- **I'm ready to climb Mt. Halla.** 나는 한라산을 오를 준비가 됐다.
- **I'm ready to work.** 나는 일할 준비가 됐다.

Dialogue

 It's eight o'clock. You should hurry.
8시야. 너는 서둘러야 해.

I'm ready to go now.
나는 지금 갈 준비가 됐어.

12. 의문문 공식 – be동사 현재 시제

Are you **happy?**
너는 **행복**하니?

★ be동사를 사용하여 물어볼 때 주어와 be동사의 자리를 바꾸면 돼요.
→ 물을 때: **Are** + 주어(You/복수) ~?

평서문	**You are** a musician	너는 음악가이다.

▼

의문문	**Are you** a musician?	너는 음악가이니?

- Are you **my classmate?** 너는 나랑 같은 반이니?
- Are you **nervous?** 너는 긴장되니?
- Are you **all right?** 너는 괜찮니?

WORDS musician 음악가 nervous 긴장한

Are you ready to go to school?

학교 갈 준비가 됐니?

Words

order 주문하다 laugh 웃다 follow 따르다 advice 조언

Sentences

- **Are you ready to order?** 주문할 준비가 되었나요?
- **Are you ready to laugh?** 웃을 준비가 되었나요?
- **Are you ready to follow my advice?**
  내 조언에 따를 준비가 되었나요?

Dialogue

 Are you ready to order?
주문할 준비가 되셨나요?

Can you give us 5 more minutes?
5분만 더 주실 수 있나요?

12. 의문문 공식 – be동사 현재 시제

Is it yours?
그것은 네 것이니?

★ 물을 때: **Am** + 주어(I) ~?

평서문	**I am** heavy.	나는 무겁다.

▼

의문문	**Am I** heavy?	내가 무거워요?

★ 물을 때: **Is** + 주어(3인칭 단수) ~?

평서문	**He is** a teacher.	그는 선생님이다.

▼

의문문	**Is he** a teacher?	그는 선생님인가요?

- **Am I right?** 내가 맞나요?
- **Is she your nephew?** 그녀는 네 조카인가요?

WORDS heavy 무거운 right 옳은, 맞는 nephew 조카

I'm about to sleep.
나는 **자려던** 참이야.

Words

sleep 자다 dinner 저녁 contact 연락하다 just 막

Sentences

- **I'm about to go home.** 나는 집에 가려던 참이야.
- **I'm about to make dinner.** 나는 저녁을 만들려던 참이야.
- **I was just about to contact you.** 나는 막 너에게 연락하려던 참이었어.

Dialogue

 I'm hungry. Let's have some snacks.
나는 배고파. 간식을 좀 먹자.

Sorry. **I'm** just **about to** sleep.
미안해. 나는 막 자려던 참이야.

12. 의문문 공식 – 일반동사 과거 시제

Did **you** have fun?
<u>너는</u> 재있었니?

★ 일반동사를 사용하여 과거에 있었던 일을 물어볼 때, 주어에 상관없이 did를 문장 맨 앞에 쓰고 주어 뒤에 오는 동사는 반드시 동사원형으로 써요.

→ 물을 때: **Did** + 모든 주어 + **동사원형** ~?

평서문	<u>You</u> **saw** the rainbow.	너는 무지개를 **보았다.**

▼

의문문	**Did** <u>you</u> **see** the rainbow?	너는 무지개를 **봤니?**

- **Did <u>you</u> have a good weekend?** 너는 좋은 주말 보냈니?
- **Did <u>he</u> marry her?** 그는 그녀와 결혼했니?
- **Did <u>Jenny</u> buy new socks?** Jenny는 새 양말을 샀니?

WORDS rainbow 무지개 marry 결혼하다 socks 양말

I'm here to **help you.**
나는 **너를 도와주려고** 왔어.

Words

pick up ~을 찾다[찾아오다] **laundry** 세탁물

Sentences

- **I'm here to see Dr. Smith.**
  저는 Smith 의사 선생님을 만나러 왔어요.

- **I'm here to pick up my laundry.**
  나는 내 세탁물을 찾으러 왔어요.

Dialogue

 What brings you here?
여기는 무슨 일로 오셨나요?

I'm here to see Dr. Smith.
저는 Smith 의사 선생님을 만나러 왔어요.

12. 의문문 공식 – be동사 과거 시제

Was he famous?
그는 유명했나요?

★ be동사를 사용하여 과거의 상태를 물어볼 때도 주어와 동사의 자리를 바꿔요.
  → 물을 때: **Was** + 주어(I/3인칭 단수) ~?

| 평서문 | **He was** a math teacher. | 그는 수학 선생님이었다. |

▼

| 의문문 | **Was he** a math teacher? | 그는 수학 선생님이었나요? |

- **Was she a great inventor?** 그녀는 훌륭한 발명가였나요?
- **Was it dangerous?** 그것은 위험했나요?
- **Was the scenery beautiful?** 풍경은 아름다웠나요?

WORDS inventor 발명가 dangerous 위험한 scenery 풍경

It's time for **bed.**
잘 시간이야.

Words

breakfast 아침 식사 say goodbye 작별하다

Sentences

- It's time for **breakfast.** 아침 식사 시간이야.
- It's time to **take a break.** 휴식 시간이야.
- It's time to **say goodbye.** 작별할 시간이야.

Dialogue

It's eight o'clock. **It's time for** breakfast.
8시야. 아침 먹을 시간이야.

Okay. I'm coming.
알겠어요. 가고 있어요.

12. 의문문 공식 - be동사 과거 시제

Were you **scared**?
너희는 무서웠니?

★ 물을 때: **Were** + 주어(You/복수) ~?

평서문	**The stories were** interesting.	그 이야기들은 흥미로**웠다.**

▼

의문문	**Were the stories** interesting?	그 이야기들은 흥미로**웠니?**

- Were you **poor?** 너는 가난했었니?
- Were the cookies **delicious?** 그 쿠키들은 맛있었니?
- Were they **strong?** 그들은 강했니?

WORDS scared 무서운 poor 가난한 strong 강한

It's not that **bad.**
그렇게 **나쁘진** 않아.

Words

difficult 어려운 simple 간단한 important 중요한

Sentences

- It's not that **difficult.** 그렇게 어렵진 않아.
- It's not that **simple.** 그렇게 간단하지 않아.
- It's not that **important.** 그렇게 중요하진 않아.

Dialogue

 I want to help people in need.
나는 어려움에 처한 사람을 돕고 싶어.

It's not that difficult. All of us can do it.
그렇게 어렵진 않아. 우리 모두 할 수 있어.

12. 의문문 공식 – 조동사 can

Can **you** swim?
너는 수영할 수 있니?

★ **조동사가 포함된 의문문**을 만들 때 <u>조동사를 문장 맨 앞으로</u> 보내요.

★ 조동사 can을 사용하여 무엇을 할 수 있는지(능력), 무엇을 해도 되는지(허락), 무엇을 해 줄 수 있는지(요청)를 물을 수 있어요.

→ 물을 때: **Can** + 모든 주어 + **동사원형** ~?

평서문	**You can** dive.	너는 잠수할 수 있다.(능력)

▼

의문문	**Can you** dive?	너는 잠수할 수 있니?(능력)

★ 허락을 구할 때 조동사 may를 쓸 수 있어요.

- **Can I borrow your brush?** 내가 네 붓을 빌려도 되니?(허락)
- **Can you write your name here?** 여기 당신 이름을 써 주시겠어요?(요청)
- **May I come in?** 제가 들어가도 되나요?

WORDS **dive** 다이빙하다 **borrow** 빌리다 **brush** 붓 **name** 이름

Kevin, I have a problem.
Kevin, 나 문제가 하나 있어.

I'm here to help you.
What's the problem?
난 너를 돕기 위해 왔어. 무슨 문제야?

**I use up all my allowance
every month.**
나는 매달 용돈을 다 써버려.

**Why don't you make a budget?
It's not that difficult.**
예산을 세워보는 게 어때? 그렇게 어렵지 않아.

Words

use up 다 써버리다 **allowance** 용돈 **make a budget** 예산을 세우다

★ 우리말에 맞는 문장이 되도록 둘 중 알맞은 것을 고르세요.

01
Is it / It is yours?
그것은 네 것인가요?

02
Did / Do you have fun?
너는 재미있었니?

03
Can / Are you swim?
너는 수영할 수 있니?

04
Were / Do you scared?
너희는 무서웠니?

★ 우리말에 맞는 문장이 되도록 밑줄 친 부분을 바르게 고치세요.

05 너는 가난했었니?

Are you poor? ⇨ _____

06 내가 네 붓을 빌려도 되니?

I can borrow your brush? ⇨ _____

07 그는 유명했나요?

Were he famous? ⇨ _____

08 그는 그녀와 결혼했니?

Did he married her? ⇨ _____

Conversation 134

What a good idea!
좋은 아이디어구나!

Words

pity 연민, 유감스러운 일 **surprise** 놀라움, 뜻밖의 일 **palace** 성

Sentences

- **What a pity!** 유감스럽구나!
- **What a surprise!** 놀랍구나!
- **What a great palace!** 멋진 성이구나!

Dialogue

 Happy birthday! This is for you.
생일 축하해! 이건 널 위해 준비 했어.

What a surprise! Thank you.
놀랍구나! 고마워.

12. 의문문 공식 - 조동사 will, should

Will you marry me?
나랑 결혼해 줄래?

★ **Will** + 주어 + **동사원형** ~?

평서문	You **will stay** in the hotel.	너는 호텔에서 머무를 것이다.

▼

의문문	**Will** you **stay** in the hotel?	너는 호텔에서 머무를 거니?

★ **Should** + 주어 + **동사원형** ~?

평서문	We **should recycle** waste.	우리는 쓰레기를 재활용 해야 한다.

▼

의문문	**Should** we **recycle** waste?	우리는 쓰레기를 재활용 해야 하나요?

- **Will you accept my apology?** 너는 내 사과를 받아 줄거야?
- **Should I apologize him?** 내가 그에게 사과해야 해?

WORDS waste 쓰레기 accept 받다 apology 사과 apologize 사과하다

How beautiful!
아름답구나!

Words

cute 귀여운 delicious 맛있는 kind 친절한

Sentences

- **How cute!** 귀엽구나!
- **How delicious!** 맛있구나!
- **How kind you are!** 너는 친절하구나!

Dialogue

Look at this doll. I made it.
이 인형을 봐. 내가 만들었어.

How cute!
귀엽구나!

Grammar 135

Are **you** making dessert?

너는 디저트를 만들고 있니?

★ 진행 시제 형태인 「be동사 + 동사의 -ing형」를 활용하여 물을 때
→ **Be동사** + 주어 + **동사의 -ing형** ~ ?

평서문	He **is playing** tennis.	그는 테니스를 치고 있다.

▼

의문문	**Is** he **playing** tennis?	그는 테니스를 치고 있니?

★ 미래 시제 형태인 「be going to + 동사원형」을 활용하여 물을 때
→ **Be동사** + 주어 + **going to** + **동사원형** ~?

평서문	You **are going to travel** by train.	너는 기차로 여행할 것이다.

▼

의문문	**Are** you **going to travel** by train?	너는 기차로 여행할 계획이니?

- **Are they fixing my car?** 그들은 내 차를 고치고 있니?
- **Are you going to call her back?** 너는 그녀에게 다시 전화할 거지?

WORDS   dessert 디저트   travel 여행하다   fix 고치다, 수리하다   back 다시

I'm taller than Sara.
나는 Sara보다 키가 크다.

Words

---

heavy 무거운 **strong** 힘이 센 **young** 어린

Sentences

- **I'm heavier than Sara.** 나는 Sara보다 무겁다.
- **I'm stronger than Sara.** 나는 Sara보다 힘이 세다.
- **I'm younger than Sara.** 나는 Sara보다 어리다.

Dialogue

Who is stronger?
누가 더 힘이 세니?

I'm strong**er than** Sara.
내가 Sara보다 힘이 더 세.

It is sweet, isn't it?
그건 달아, 그렇지 않아?

★ **부가 의문문**은 자신의 문장에 대해 동의를 구하고, 확인할 때 평서문 끝에 붙어서 '그렇지?' 또는 '그렇지 않니?'라는 의미를 더하는 말이에요.

★ 평서문의 내용이 긍정이면 부가 의문문은 부정으로, 평서문이 부정이면 부가 의문 문은 긍정으로 써요.

be동사 **긍정문**, **부정**의 부가 의문문	She is kind, **isn't she**? 그녀는 친절해, 그렇지 않니? 주어와 be동사를 그대로 가져와서 부가의문문에 씀
be동사 **부정문**, **긍정**의 부가 의문문	Jane isn't kind, **is she**? Jane은 친절하지 않아, 그렇지? 평서문의 주어가 일반 명사일 때 부가 의문문의 주어는 그에 맞는 인칭대명사를 씀

● **This airplane is so fast, isn't it?** 이 비행기는 엄청 빨라, 그렇지 않니?

● **You aren't tired, are you?** 너는 피곤하지 않지, 그렇지?

WORDS sweet 달콤한 airplane 비행기

The most important thing is doing my best.
가장 중요한 것은 최선을 다하는 거야.

Words

famous 유명한 popular 인기 있는

Sentences

- **Kimchi is one of** the most famous **Korean foods.** 김치는 가장 유명한 한국 음식 중 하나야.
- **Baseball is one of** the most popular **sports in Korea.** 야구는 한국에서 가장 인기있는 스포츠 중 하나야.

Dialogue

What is **the most famous** food in your country?
너희 나라에서 가장 유명한 음식은 뭐야?

Kimchi is one of **the most famous** Korean foods.
김치는 가장 유명한 한국 음식 중 하나야.

12. 의문문 공식 - 부가 의문문

You have a big family, don't you?
너는 대가족이 있어, 그렇지 않니?

일반동사 긍정문,
부정의 부가 의문문

It looks beautiful, **doesn't it**?

주어가 3인칭 단수이고 일반동사의 현재형이 쓰인 경우

그건 아름다워 보여, 그렇지 않니?

They look beautiful, **don't they**?

주어가 I / You / 복수이고 일반동사의 현재형이 쓰인 경우

그들은 아름다워 보여, 그렇지 않니?

The sunset looked beautiful, **didn't it**?

일반동사의 과거형이 쓰인 경우

저녁노을은 아름다워 보였어, 그렇지 않니?

- **She takes a shower in the morning,** doesn't she?
  그녀는 아침에 샤워해, 그렇지 않니?

- **Your uncle studied abroad,** didn't he?
  네 삼촌은 해외에서 공부 했어, 그렇지 않니?

WORDS sunset 저녁노을 abroad 해외에서

Thank you for your help.
도와주셔서 감사합니다.

Words

invite 초대하다 effort 수고, 노력 say 말하다

Sentences

- **Thank you for inviting me.** 저를 초대해 주셔서 고맙습니다.
- **Thank you for your effort.** 수고하셨습니다.
- **Thank you for saying so.** 그렇게 말해줘서 고마워.

Dialogue

Thank you for your help.
도와주셔서 감사합니다.

You're welcome.
천만에요.

12. 의문문 공식 - 부가 의문문

You don't know him, do you?

너는 그를 몰라, 그렇지?

일반동사 부정문, 긍정의 부가 의문문

She doesn't like fishing, **does she**?

주어가 3인칭 단수이고 일반동사의 현재형이 쓰인 경우

그녀는 낚시를 좋아하지 않아, 그렇지?

You don't like fishing, **do you**?

주어가 I / You / 복수이고 일반동사의 현재형이 쓰인 경우

너는 낚시를 좋아하지 않아, 그렇지?

My father didn't like fishing, **did he**?

일반동사의 과거형이 쓰인 경우

나의 아버지는 낚시를 좋아하지 않았어, 그렇지?

- **That subway doesn't stop at this station, does it?**
  저 지하철은 이 역에 서지 않아, 그렇지?

- **You didn't get a taxi, did you?** 너는 택시를 타지 않았어, 그렇지?

WORDS fishing 낚시 subway 지하철 station 역 taxi 택시

I'm worried about my health.
나는 건강이 걱정돼요.

Words

future 미래 presentation 발표

Sentences

- I'm worried about **my future.**
  나는 내 미래에 대해 걱정돼요.

- I'm worried about **the presentation.**
  나는 발표가 걱정돼요.

Dialogue

I'm worried about my health.
나는 건강이 걱정돼요.

It's important to eat well.
잘 먹는 게 중요해.

12. 의문문 공식 – 부가 의문문

You will marry her, won't you?

너는 그녀와 결혼할 거지, 그렇지 않니?

★ 평서문에 조동사가 함께 쓰였다면 **부가 의문문에도 조동사를** 사용해요.

조동사가 쓰인 긍정문, 부정의 부가 의문문	**I can** dance well, **can't I**? 나는 춤을 잘 출 수 있어, 그렇지 않니?
조동사가 쓰인 부정문, 긍정의 부가 의문문	**She can't** run fast, **can she**? 그녀는 빨리 달릴 수 없어, 그렇지?

- **It won't be here forever,** will it?
  그건 여기 영원히 있지 않을 거야, 그렇지?

- **Helen should go to the dentist,** shouldn't she?
  Helen은 치과에 가야 해, 그렇지 않니?

- **You shouldn't call him late at night,** should you?
  너는 밤늦게 그에게 전화해서는 안 된다, 그렇지?

WORDS forever 영원히 go to the dentist 치과에 가다 late at night 밤늦게

We have the final exams tomorrow.
우리 내일 기말고사가 있네.

I'm worried about the math test.
I'm not good at math.
나는 수학 시험이 걱정돼. 나는 수학을 못 하잖아.

The test will be easy. The most important thing is doing your best.
시험은 쉬울 거야. 가장 중요한 것은 최선을 다하는 거야.

You're right.
Thank you for saying so.
네 말이 맞아. 그렇게 말해줘서 고마워.

Words

final exam 기말고사 be good at ~을 잘하다

★ 우리말에 맞는 문장이 되도록 둘 중 알맞은 것을 고르세요.

01
It's sweet, **is / isn't** it?
그건 달아, 그렇지 않아?

02
Will / Should you marry me?
나랑 결혼해 줄래?

03
Are you **making / going to make** dessert?
너는 디저트를 만드는 중이니?

04
You aren't tired, **are you / aren't you** ?
너는 피곤하지 않아, 그렇지?

★ 우리말에 맞는 문장이 되도록 밑줄 친 부분을 바르게 고치세요.

05 내가 그에게 사과해야 하나요?
I should apologize him? ⇨ _____

06 그녀는 친절해, 그렇지 않니?
She is kind, **is she?** ⇨ _____

07 너는 그녀와 결혼할 거지, 그렇지 않니?
You will marry her, **you will?** ⇨ _____

08 너는 그를 몰라, 그렇지?
You don't know him, **does he?** ⇨ _____

I'm on **a diet.**
나는 **다이어트하는 중이야.**

Words

phone 전화 **way** 길 **break** 휴식

Sentences

- I'm on **the phone.** 나는 통화 중이야.
- I'm on **my way.** 나는 가는 중이야.
- I'm on **break.** 나는 잠깐 쉬는 중이야.

Dialogue

 Where are you?
너 어디야?

 I'm on my way.
나는 가는 중이야.

12. 의문문 공식 - 의문사 who

Who are you?
당신은 누구인가요?

★ '누구'인지, '누가' 어떠한지를 물을 때 의문사 **who**를 써요.

She is ? . 그녀는 ? 이다. → 그녀가 '누구'인지 모르는 상황

▼ 질문 ▼

Who + be동사 + 주어?	**Who** is she?
주어는 누구인가요?	그녀는 누구인가요?

▼ 대답 ▼

She is my daughter . 그녀는 내 딸 이다.

- **Who am I?** 나는 누구인가요?
- **Who are the participants?** 참가자들은 누구인가요?
- **Who was the first president of France?**
  프랑스의 첫 번째 대통령은 누구였나요?

WORDS daughter 딸 participant 참가자 president 대통령

I'm looking forward to it.
난 그것을 기대하고 있어.

Words

field trip 현장 학습 **go on a picnic** 소풍가다

Sentences

- **I'm looking forward to my first day of school.**
  나는 학교 처음 가는 날을 기대하고 있어.

- **We are looking forward to the field trip.**
  우리는 현장 학습을 기대하고 있어.

Dialogue

We're going on a picnic tomorrow.
우리는 내일 소풍갈 거야.

I'm really looking forward to it.
난 정말 그것을 기대하고 있어.

12. 의문문 공식 – 의문사 what

What is your name?
당신의 이름은 무엇인가요?

★ '무엇'인지 물을 때 의문사 **what**을 써요.

It is ? . 그것은 ? 이다. → 그것이 '무엇'인지 모르는 상황

▼ 질문 ▼

What + be동사 + 주어?	**What** is it?
주어는 무엇인가요?	그것은 무엇인가요?

▼ 대답 ▼

It is my scarf . 그것은 내 스카프 입니다.

- **What is your favorite subject?** 네가 정말 좋아하는 과목은 무엇이니?
- **What is your job?** 당신의 직업은 무엇인가요?
- **What was the problem?** 문제가 무엇이었나요?

WORDS scarf 스카프 subject 과목 job 직업 problem 문제

I can't wait!
엄청 기대돼!

Words

vacation 방학 become 되다 middle school student 중학생

Sentences

- I can't wait for **my vacation.** 빨리 방학이 왔으면 좋겠어.
- I can't wait for **this weekend.**
  빨리 이번 주말이 왔으면 좋겠어.
- I can't wait to **become a middle school student.** 나는 빨리 중학생이 되었으면 좋겠어.

Dialogue

When is the school festival?
학교 축제는 언제야?

On April 2nd. **I can't wait!**
4월 2일. 엄청 기대돼!

12. 의문문 공식 – 의문사 what

What do you want?
너는 무엇을 원하니?

★ 주어가 '무엇을' 하는지, '무엇을' 했는지 물을 때 **what**을 써요.

I like ? . 나는 ? 을 좋아한다. → 내가 '무엇을' 좋아하는지 모르는 상황

▼ 질문 ▼

What+do[does]/did+주어+동사원형 ~?	**What** do you like?
주어는 (…을) ~하니/~했니?	너는 무엇을 좋아하니?

▼ 대답 ▼

I like animals . 나는 동물을 좋아한다.

- **What do you do in your free time?** 너는 시간이 날 때 무엇을 하니?
- **What does she do?** 그녀의 직업은 무엇이니?
- **What did you do yesterday?** 너는 어제 무엇을 했니?

WORDS want 원하다 animal 동물 free time 여가 시간, 한가한 시간

Be quiet in class.
수업 중에는 조용히 해라.

Words

careful 조심하는   **polite** 예의 바른   **nice** 친절한

Sentences

- **Be careful.** 조심해.
- **Please, be polite to your teachers.**
  선생님들께 예의 바르게 하세요.
- **Be nice to your classmates.**
  네 반 친구들에게 친절히 대해라.

Dialogue

 Can I play outside?
밖에서 놀아도 돼요?

Yes, you can. **Be careful!**
그래. 조심해!

12. 의문문 공식 – 의문사 when

When **is the concert?**
콘서트는 언제인가요?

★ '언제'인지 시간을 물을 때 의문사 **when**을 써요.

My birthday is ? . 내 생일은 ? 이다. → 내 생일이 '언제'인지 모르는 상황

▼ 질문 ▼

When+be동사+주어 ~? 주어는 언제인가요/언제였나요?	**When** is your birthday? 너의 생일은 언제인가요?

▼ 대답 ▼

My birthday is on March 3rd . 내 생일은 3월 3일 이다.

- **When is the field trip?** 견학은 언제인가요?
- **When is the deadline?** 마감일이 언제인가요?
- **When was the meeting?** 회의는 언제였나요?

WORDS field trip 견학 deadline 마감일 meeting 회의

Watch out!
조심해!

Words

close 닫다 raise 들다 hand 손 stand up 일어서다

Sentences

- **Close the door, please.** 문을 좀 닫아 주세요.
- **Raise your hand.** 네 손을 들어라.
- **Stand up, please.** 일어나세요.

Dialogue

 Watch out! You may get hurt.
조심해! 너 다칠지도 몰라.

Okay, I'll be careful.
알겠어, 조심할게.

When do you feel happy?

너는 언제 행복하다고 느끼니?

★ 주어가 '언제' 하는지 또는 '언제' 했는지 물을 때 의문사 when을 써요.

The contest starts ? . 대회는 ? 시작한다.

→ 대회가 '언제' 시작하는지 모르는 상황

▼ 질문 ▼

When+do[does]/did+주어+동사원형 ~?
주어는 언제 (…을) ~하니/~했니?

When does the contest start?
대회는 언제 시작하니?

▼ 대답 ▼

The contest starts at 8 . 대회는 8시에 시작한다.

- **When did you graduate?** 너는 언제 졸업했나요?
- **When did she lose it?** 그녀는 그것을 언제 잃어버렸어요?

WORDS contest 대회 graduate 졸업하다 lose 잃어버리다

Remember to call your mom.
엄마한테 전화할 것을 기억해.

Words

student ID card 학생증   return 반납하다

Sentences

- **Remember to bring your student ID card.**
  네 학생증을 가져올 것을 기억해.

- **Remember to return the book in a week.**
  일주일 안에 그 책을 반납해야 한다는 것을 기억해.

Dialogue

I don't have my student ID card.
나는 학생증이 없어.

Remember to bring it next time.
다음에는 그것을 가져올 것을 기억해.

12. 의문문 공식 – 의문사 where

Where are you?
너는 어디에 있니?

★ 주어가 '어디'인지, '어디'에서 있었는지 물을 때 의문사 **where**을 써요.

The bakery is ? . 빵집은 ? 있다. → 빵집이 '어디에' 있는지 모르는 상황

▼ 질문 ▼

Where+be동사+주어 ~?
주어는 어디에 있나요/있었나요?

Where is the bakery?
빵집은 어디에 있나요?

▼ 대답 ▼

It is across the street . 그것은 길 건너에 있다.

- **Where is the police station?** 경찰서는 어디에 있나요?
- **Where is the bathroom?** 화장실이 어디에 있나요?
- **Where were you?** 너는 어디에 있었니?

WORDS across ~ 건너 street 거리, 길 police station 경찰서

What are you doing?
너는 뭐 하고 있니?

I'm taking a break right now.
지금 잠깐 쉬고 있는 중이에요.

Are you all set for school tomorrow? Remember to take your student ID card.
내일 학교 갈 준비는 다 됐어? 학생증을 가져 갈 것을 기억하렴.

I know. I'm looking forward to my first day of school!
알아요. 학교 첫날이 기대돼요!

Be nice to your classmates.
네 반 친구들에게 친절히 대하렴.

Words

right now 지금 당장 **look forward to** ~을 기대하다

★ 우리말에 맞는 문장이 되도록 둘 중 알맞은 것을 고르세요.

01
Who / When are you?
당신은 누구인가요?

02
What / When is the concert?
콘서트는 언제인가요?

03
What is / What does your name?
당신의 이름은 무엇인가요?

04
What / What did you do yesterday?
너는 어제 무엇을 했니?

★ 우리말에 맞는 문장이 되도록 밑줄 친 부분을 바르게 고치세요.

05 너는 무엇을 원하니?

Do you want? ⇨ _____

06 너는 언제 행복하다고 느끼니?

When are you feel happy? ⇨ _____

07 너는 무엇을 하고 있니?

What **you are** doing? ⇨ _____

08 참가자들은 누구인가요?

What were the participants? ⇨ _____

Conversation 148

Don't be sad.
슬퍼하지 마.

Words

give up 포기하다 move 움직이다 hallway 복도

Sentences

- **Don't give up.** 포기하지 마.
- **Don't move.** 움직이지 마.
- **Don't run in the hallway.** 복도에서는 뛰지 마.

Dialogue

 Ouch!
아야!

Are you okay? **Don't** run in the hallway.
괜찮아? 복도에서는 뛰지 마.

12. 의문문 공식 - 의문사 where

Where **did you go?**
너는 어디에 갔었어?

★ 주어가 '어디서' 하는지 또는 '어디서' 했는지 물을 때 의문사 where을 써요.

I live **?** . 나는 **?** 산다. → 내가 '어디에서' 사는지 모르는 상황

▼ 질문 ▼

Where+do[does]/did+주어+동사원형 ~?	**Where** do you live?
주어는 어디서 (…을) ~하니/~했니?	너는 어디에 사니?

▼ 대답 ▼

I live **in Tokyo** . 나는 도쿄에 산다.

- Where **do you exercise?** 너는 어디서 운동하니?
- Where **did you last see the key?** 너는 그 열쇠를 어디서 마지막으로 봤니?
- Where **did she put the calendar?** 그녀가 달력을 어디에 뒀니?

WORDS key 열쇠 calendar 달력

Don't forget to lock the door.
문 잠그는 것을 잊지 마.

Words

turn off 끄다 medicine 약 sore throat 인후통

Sentences

- **Don't forget to turn off your phone.**
  네 휴대전화를 끄는 것을 잊지 마.

- **Don't forget to take the medicine.**
  약을 챙겨 먹는 것을 잊지 마.

Dialogue

 I have a sore throat.
나는 목이 아파.

Don't forget to take the medicine.
약을 챙겨 먹는 것을 잊지 마.

Grammar 149

12. 의문문 공식 – 의문사 why

Why are you angry?
너는 왜 화가 났니?

★ '이유'를 물을 때 be동사 의문문과 일반동사 의문문 앞에 **why**를 붙이기만 하면 돼요.

Why + be동사 + 주어 ~? 주어는 왜 ~(하)니/~(했)니?	Are you angry? 너는 화가 났니? ↓ **Why** are you angry? 너는 **왜** 화가 났니?
Why + do[does]/did + 주어 + 동사원형 ~? 주어는 왜 (…을) ~하니/~했니?	Do you like fall? 너는 가을을 좋아하니? ↓ **Why** do you like fall? 너는 **왜** 가을을 좋아하니?

- **Why is Jason upset?** Jason은 왜 속상하니?
- **Why do they make a mural?** 그들은 왜 벽화를 만드니?
- **Why did that happen?** 그것이 왜 발생했니?

WORDS upset 속상한, 마음이 상한 mural 벽화 happen 발생하다, 일어나다

Isn't she coming?
그녀는 안 와?

Words

come 오다 amazing 놀라운 thirsty 목마른

Sentences

- **Isn't it amazing?** 놀랍지 않니?
- **Aren't you thirsty?** 목마르지 않아?
- **Aren't you ready yet?** 아직 준비 안 됐어?

Dialogue

Isn't Becky coming?
Becky는 안 와?

No, she isn't. She is busy.
응, 안 와. 그녀는 바빠.

12. 의문문 공식 – 의문사 How

How do I get there?
거기에 어떻게 갈 수 있나요?

★ 주어가 '어떠한지', '어떠했는지', '어떻게 하는지[했는지]' 그 '상태'나 '방법'을 물을 때 의문사 **How**를 써요.

How + do[does]/did + 주어 + 동사원형 ~ ? 주어는 어떻게 (…을) ~하니/~했니?	**How** do you go to school? 너는 학교에 어떻게 가니? **How** do I look? 나 어때 보여?
How + be동사 + 주어 ~? 주어는 어때/어땠어?	**How** is the weather today? 오늘 날씨 어때? **How** was your trip? 여행은 어땠어?

- **How does this machine work?** 이 기계는 어떻게 작동하나요?
- **How did you know that?** 너는 그것을 어떻게 알았어?
- **How was your weekend?** 주말은 어땠어요?

WORDS machine 기계 work 작동하다

Conversation 151

Aren't you going to eat?

너는 안 먹을 거야?

Words

practice 연습하다 congratulate 축하하다

Sentences

- **Aren't you going to practice tennis?**
  테니스 연습 안 할 거야?

- **Aren't you going to congratulate me?**
  나 축하 안 해줄 거야?

Dialogue

 Aren't you going to practice tennis?
테니스 연습 안 할 거야?

Yes, I am. Practice makes perfect!
아니, 할 거야. 연습이 완벽을 만들잖아!

12. 의문문 공식 – 의문사가 있는 의문문

What **are you drawing?**
너는 무엇을 그리고 있니?

★ 진행 시제, 미래 시제, 조동사를 활용해서 의문사가 있는 의문문을 만들 수 있어요.

의문사+be동사+주어 +동사의 -ing형 ~?	**How** are you doing? 어떻게 지내고 있니? **Where** are you going? 너는 어디 가고 있니? **Why** are you wearing shorts? 너는 왜 반바지를 입고 있니? **What** were you holding? 너는 무엇을 들고 있었니?
의문사+be동사+주어 +going to+동사원형 ~?	**What** are you going to do this weekend? 너는 이번 주말에 무엇을 할 예정이니? **Where** are you going to visit first? 처음에 어디를 방문할 예정이니?
의문사+조동사+주어 +동사원형 ~?	**What** should I do? 나는 무엇을 해야 해? **When** will he come? 그는 언제 올까?

WORDS draw 그리다 hold 들다

Don't you **like spring?**
봄 안 좋아해?

Words

class president 반장 **funny** 재미있는

Sentences

- **Don't you think so?** 그렇게 생각하지 않아?
- **Don't you want to be a class president?**
  너는 반장이 되고 싶지 않아?
- **Don't you think it's funny?** 재밌다고 생각하지 않아?

Dialogue

Don't you like spring?
봄 안 좋아해?

Not really. I'm allergic to flowers.
별로. 난 꽃 알레르기가 있어.

12. 의문문 공식 – 의문 부사 How

How old are you?
몇 살이에요?

★ 주어의 상태가 '얼마나'인지, 그 정도를 물을 때 **how**를 써요. 이때 how 뒤에 묻고 싶은 상태의 형용사나 부사가 와요.

How tall	How often	How long	How much/How many
얼마나 큰	얼마나 자주	얼마나 오래	얼마나 많이

- **How often do you eat out?** 너는 얼마나 자주 외식하니?
- **How many zebras are there in the zoo?**
  그 동물원에는 얼마나 많은 얼룩말들이 있나요?
- **How much is it?** 얼마예요?

WORDS eat out 외식하다 zoo 동물원

Didn't you know that?

너는 그걸 몰랐어?

Words

---

notice 알아차리다 **dinner** 저녁 식사 **buy** 사다

Sentences

- **Didn't you notice that?** 그걸 몰랐어?
- **Didn't you have dinner?** 저녁 먹지 않았어?
- **Didn't you buy a new bike?** 너는 새 자전거 사지 않았어?

Dialogue

I'm hungry.
나 배고파.

Didn't you have dinner?
너 저녁 먹지 않았어?

12. 의문문 공식 - 의문 형용사

What time **is it?**
몇 시인가요?

★ 의문사 **what**이 명사를 꾸미면 '무슨/어떤 ~', '몇 ~'이라는 뜻으로 쓰여요.

What time	What grade	What day	What color
몇 시	몇 학년	무슨 요일	무슨 색

★ **whose**는 '누구의', **which**는 '어느, 어떤'이라는 뜻이에요.

Whose son	Whose gloves	Which country	Which type
누구의 아들	누구의 장갑	어느 나라	어느 종류

- **What grade are you in?** 당신은 몇 학년인가요?
- **Whose son is that boy?** 저 소년은 누구의 아들입니까?
- **Which type is yours, this or that?**
  어느 종류가 너의 것이니, 이거 아니면 저거?

WORDS grade 학년 son 아들 country 나라 type 종류, 유형

Aren't you ready yet?
아직 준비 안 됐어?

No, I'm not. How do I look?
I bought this jacket. It's really
nice. **Don't you** think so?
응, 안 됐어. 나 어때? 나 이 재킷 샀거든.
진짜 멋있어. 그렇게 생각하지 않아?

It looks good on you.
그건 너랑 잘 어울려.

Thanks. By the way,
don't forget to lock the door.
고마워. 그건 그렇고, 문 잠그는 거 잊지마.

Words

by the way 그건 그렇고

★ 우리말에 맞는 문장이 되도록 둘 중 알맞은 것을 고르세요.

01
Where / How are you going?

너는 어디 가고 있니?

02
Which / Why are you angry?

너는 왜 화가 났니?

03
What do / What should we do?

우리는 무엇을 해야 하는가?

04
How often / How many do you eat out?

너는 얼마나 자주 외식하니?

★ 우리말에 맞는 문장이 되도록 밑줄 친 부분을 바르게 고치세요.

05 몇 살이에요?

What old are you? ⇨ _____

06 나 어때 보여?

How does I look? ⇨ _____

07 너는 어디서 운동하니?

Who does you exercise? ⇨ _____

08 너는 그것을 어떻게 알았어?

What did you know that? ⇨ _____

You're an early bird, aren't you?
너는 일찍 일어나는 사람이야, 그렇지 않아?

Words

early bird 일찍 일어나는 사람 animal doctor 수의사 island 섬

Sentences

- **Your dad is an animal doctor, isn't he?**
  너희 아버지는 수의사야, 그렇지 않아?

- **Jeju is a beautiful island, isn't it?**
  제주도는 아름다운 섬이야, 그렇지 않아?

Dialogue

 Your dad is an animal doctor, **isn't he?**
너희 아버지는 수의사야, 그렇지 않아?

Yes, he really likes animals.
맞아, 그는 동물을 엄청 좋아하셔.

Sit down.
앉아라.

★ **명령문**은 '~해라', '~하지 마라'와 같이 상대방에게 어떤 것을 시키거나 강하게 요구하는 문장이에요.

★ 명령문의 주어는 당연히 내 말을 듣고 있는 you(너/너희)이므로 생략하고 동사부터 써요.

동사원형 ~.	**Stand** up. 일어서라.
	Please, **stand** up. 일어서주세요.
	Sit down, please. 앉아주세요.
	★ 공손하게 표현할 때 문장 앞이나 맨 끝에 please를 붙임

- **Be quiet.** 조용히 해라
- **Close the door, please.** 문을 닫아주세요.
- **Bend your knees.** 네 무릎을 구부려라.

WORDS quiet 조용한 bend 구부리다 knee 무릎

Conversation 156

We all know our class rules, don't we?

우리 모두 학급 규칙 알아요, 그렇지 않아요?

Words

rule 규칙 skip 거르다 use 사용하다

Sentences

- **You usually skip breakfast, don't you?**
  너는 보통 아침을 거르지, 그렇지 않아?

- **Most students use smartphones, don't they?**
  대부분의 학생들이 스마트폰을 사용해, 그렇지 않아?

Dialogue

 We all know our class rules, **don't we**?
우리 모두 학급 규칙 알아요, 그렇지 않아요?

Yes, we do. We should follow them!
네, 알아요. 우린 그걸 지켜야 해요!

13. 여러 가지 문장 – 명령문

Don't shout.
소리치지 마라.

★ '~하지 마라'라는 의미의 부정 명령문

Do not[Don't] + 동사원형 ~.	**Do not** <u>run</u> here. 여기서 달리지 마라. **Don't** <u>enter</u>, please. 들어오지 마세요.
Never + 동사원형 ~.	**Never** <u>close</u> the door. 절대 문닫지 마라.

- **Don't move.** 움직이지 마라.
- **Don't worry.** 걱정하지 마라.
- **Never touch the painting.** 그 그림을 절대 만지지 마라.

WORDS shout 소리치다 enter 들어오다 touch 만지다 painting 그림

You aren't busy, are you?

너는 바쁘지 않아, 그렇지?

Words

hot 뜨거운 friendly 다정한 dirty 더러운 anymore 더 이상

Sentences

- **The soup isn't hot, is it?** 국이 뜨겁지 않아, 그렇지?
- **She isn't friendly, is she?** 그녀는 다정하지 않아, 그렇지?
- **It isn't dirty anymore, is it?** 그건 더 이상 더럽지 않아, 그렇지?

Dialogue

You aren't busy, **are you**?
너는 바쁘지 않아, 그렇지?

Yes, I am. I have a lot of homework.
아니, 바빠. 나는 숙제가 많아.

13. 여러 가지 문장 – 제안문

Let's **dance.**
춤을 추자.

★ **제안문**은 어떤 행동을 같이 하자고 제안할 때 쓰는 문장이에요.

Let's + 동사원형~ .	**Let's** go outside. 밖으로 나가자.
Let's not + 동사원형 ~ .	**Let's not** go outside. 밖으로 나가지 말자.

- Let's **do it again.** 다시 하자.
- Let's **celebrate!** 축하하자!
- Let's **not forget about the past.** 과거에 대해 잊지 말자.

WORDS celebrate 축하하다 forget 잊다 past 과거

She doesn't look well, does she?

그녀는 안 좋아 보여, 그렇지?

Words

look well 건강해 보이다 **vegetable** 채소 **lock** 잠그다 **door** 문

Sentences

- **You don't like vegetables, do you?**
  너는 채소 안 좋아하지, 그렇지?

- **You didn't lock the door, did you?**
  너는 문 안 잠갔지, 그렇지?

Dialogue

 Sarah doesn't look well, **does she**?
Sarah는 안색이 안 좋아 보여, 그렇지?

No, she looks very tired today.
맞아, 그녀는 오늘 엄청 피곤해 보여.

13. 여러 가지 문장 – 감탄문

How kind you are!
너는 친절하구나!

★ **감탄문**은 '～하구나!'라고, 기쁨이나 슬픔, 놀람과 같은 자신의 느낌을 표현하는 문장이에요.

★ How가 포함된 감탄문은 형용사나 부사를 강조할 때 써요.

How+형용사/부사 (+주어+동사)!	**How beautiful** <u>you are</u>! 너는 아름답구나! 주어와 동사는 생략 가능 **How beautiful**! 아름답구나!

- **How clever he is!** 그는 영리하구나!
- **How scary the movie is!** 참 무서운 영화구나!
- **How lovely!** 사랑스럽구나!
- **How interesting!** 흥미롭구나!

WORDS clever 영리한, 똑똑한 scary 무서운 lovely 사랑스러운

You should hurry, shouldn't you?
너는 서둘러야 해, 그렇지 않아?

Words

happen 일어나다 catch 잡다 fish 물고기

Sentences

- **It can happen to anyone, can't it?**
  그건 누구에게나 일어날 수 있어, 그렇지 않아?

- **We can catch fish here, can't we?**
  우리는 여기서 물고기를 잡을 수 있어, 그렇지 않아?

Dialogue

 Don't worry. It can happen to anyone, **can't it**?
걱정 마. 그건 누구에게나 일어날 수 있어, 그렇지 않아?

That's right. I feel better. Thanks.
맞아. 나 이제 기분이 좀 나아졌어. 고마워.

13. 여러 가지 문장 – 감탄문

What **a great idea it is!**
그건 훌륭한 아이디어구나!

★ What으로 시작하는 감탄문은 명사가 포함된 부분을 강조해요.

What+형용사+명사 (+주어+동사)!	**What** a great idea! 훌륭한 아이디어구나!
	What great ideas! 훌륭한 아이디어구나!
	명사가 셀 수 있는 명사이고, 단수일 때 앞에 a/an을 쓰고 복수일 때는 복수 명사로 씀

- **What a nice car!** 멋진 차구나!
- **What smart dolphins!** 똑똑한 돌고래들이구나!
- **What a large country China is!** 중국은 큰 나라이구나!
- **What big feet you have!** 너는 큰 발을 가졌구나!

WORDS dolphin 돌고래 large 큰, 거대한 country 나라, 국가 foot 발

Penguins can't fly, can they?

펭귄은 날 수 없어, 그렇지?

Words

speak 말하다 Spanish 스페인어 bad luck 불운

Sentences

- **Ann can't speak Spanish, can she?**
  Ann은 스페인어 못하지, 그렇지?

- **It won't bring bad luck, will it?**
  그건 불운을 가져오지 않을 거야, 그렇지?

Dialogue

 Penguins can't fly, **can they**?
펭귄은 날 수 없어, 그렇지?

No, they can't.
맞아, 날 수 없어.

13. 여러 가지 문장 – 비교급

A rabbit is faster than a turtle.
토끼는 거북이보다 더 빠르다.

★ **비교급**은 대상들의 상태나 성질 등을 비교할 때 써요.

★ 비교급은 상태나 성질을 묘사하는 말인 형용사와 부사 뒤에 -(e)r을 붙여서 만들어요.

James	Jane
165cm	170cm

▶ Jane is tall. Jane은 키가 크다.

Jane is **taller than** James. Jane은 James보다 키가 크다.

- **A turtle is slower than a rabbit.** 거북이는 토끼보다 더 느리다.
- **My car is cheaper than yours.** 내 차는 네 것보다 더 싸다.
- **Warren is richer than Mark.** Warren은 Mark보다 더 부자다.

WORDS rabbit 토끼 cheap 싼 rich 부자인

Let's have breakfast together.
같이 아침 먹자.

**You usually skip breakfast,
don't you?**
너는 보통 아침 안 먹잖아, 그렇지 않아?

**Yes, I usually do.
I made chicken soup by myself.**
응, 보통은 그렇지. 내가 직접 치킨 수프를 만들었어.

**It looks good.
The soup isn't hot, is it?**
맛있어 보인다. 수프는 뜨겁지 않아, 그렇지?

No, it isn't.
응, 안 뜨거워.

Words

usually 보통, 대개 **by myself** 직접, 혼자서

★ 우리말에 맞는 문장이 되도록 둘 중 알맞은 것을 고르세요.

01
Do / Don't shout.
소리치지 마라.

02
How / What a great idea it is!
그건 훌륭한 아이디어구나!

03
How **kind / kindly** you are!
너는 친절하구나!

04
Be / Are quiet.
조용히 해라.

★ 우리말에 맞는 문장이 되도록 밑줄 친 부분을 바르게 고치세요.

05 Jane은 James보다 키가 크다.

Jane is **tall than** James. ⇨ _____

06 절대 문 닫지 마라.

Close never the door. ⇨ _____

07 밖으로 나가자.

Let's goes outside. ⇨ _____

08 똑똑한 돌고래들이구나!

What **dolphins smart!** ⇨ _____

Let's eat out, shall we?

외식하자, 알겠지?

Words

voice 목소리 throw away 버리다 garbage 쓰레기

Sentences

- **Let's take a walk, shall we?** 산책하자, 알겠지?
- **Keep your voice down, will you?**
  목소리를 낮춰라, 알겠지?
- **Don't throw away garbage on the street, will you?** 길에 쓰레기를 버리지 마, 알겠지?

Dialogue

 I'm full.
나 배불러,

 Same here. Let's take a walk, **shall we**?
나도 마찬가지야. 산책하자, 알겠지?

13. 여러 가지 문장 – 비교급

Today is hotter than yesterday.
오늘은 어제보다 더 덥다.

★ 형용사와 부사 뒤에 -(e)r을 붙이는 규칙 (원급: 형용사와 부사의 원래 형태)

대부분 형용사/부사	원급+-er	older stronger younger
-e로 끝나는 경우	원급+-r	nicer later larger
「자음+-y」로 끝나는 경우	y 빼고+-ier	heavier happier earlier
「단모음+단자음」으로 끝나는 경우	마지막 자음 추가+-er	bigger hotter

- **I am stronger than Anne.** 나는 Anne보다 더 튼튼하다.
- **An elephant is bigger than a mouse.** 코끼리는 쥐보다 크다.
- **This box is heavier than a rock.** 이 상자가 바위보다 더 무겁다.

WORDS young 어린 elephant 코끼리 mouse 쥐 rock 바위

Conversation 163

She is brave and funny.
그녀는 용감하고 재미있어.

Words

regular 규칙적인 exercise 운동 bone 뼈 corner 모퉁이

Sentences

- **Regular exercise is good for health and strong bones.**
  규칙적인 운동은 건강과 튼튼한 뼈에 좋아.

- **Go straight and turn left at the corner.**
  직진하고 모퉁이에서 왼쪽으로 도세요.

Dialogue

She is brave **and** funny.
그녀는 용감하고 재미있어.

I think so, too.
나도 그렇게 생각해.

13. 여러 가지 문장 – 비교급

She is more famous than Amy.
그녀는 Amy보다 더 유명하다.

★ more를 붙이는 경우

-ful/-ing/-ed/-ive/-ous 등으로 끝나는 형용사/부사, 3음절 이상의 긴 형용사/부사	**more** + 원급	more expensive more dangerous more beautiful more boring more important more difficult
-ly로 끝나는 부사		more carefully more loudly

- **Health is more important than wealth.**
  건강은 부유함보다 더 중요하다.

- **Melons are more expensive than apples.**
  멜론은 사과보다 더 비싸다.

WORDS boring 지겨운 carefully 조심스럽게 loudly 큰 소리로 wealth 부유함

I'm excited
but a little nervous.
나는 신나지만 약간 긴장 돼.

Words

small 작은 find out 알아내다 try to ~하려고 하다

Sentences

- **I like it, but it's too small.** 그거 좋은데, 너무 작아.
- **I have no idea, but I can find out.**
  모르겠지만, 나는 알아낼 수 있어.
- **I'm trying to lose weight, but it's not easy.**
  나는 살을 빼고 있지만, 그건 쉽지 않아.

Dialogue

What is the answer?
답이 뭐야?

I have no idea, **but** I can find out.
모르겠지만 나는 알아낼 수 있어.

13. 여러 가지 문장 – 최상급

I am the tallest in my class.

나는 우리 반에서 제일 키가 크다.

★ **최상급**은 셋 이상의 대상을 비교하여 그 중 '가장 ~한' 것을 말할 때 써요.

★ 최상급은 형용사와 <u>부사</u> 뒤에 **-est**를 붙여서 만들고, 앞에 the를 써요.
  부사의 최상급 앞에는 the를 빼고 쓸 수 있음

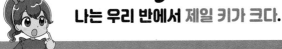

James	Jane	Fred
165cm	170cm	180cm

▶

Fred is <u>tall</u>. Fred는 키가 크다.

Fred is <u>taller</u> than Jane. Fred는 Jane보다 더 크다.

Fred is **the tallest** of the three. Fred는 셋 중에 가장 키가 크다.

- **Elsa is the youngest among her sisters.**
  Elsa는 그녀의 여자 형제 중 가장 어리다.

- **He is the richest in the world.** 그는 세계에서 제일 부자이다.

WORDS young 어린 among ~중에서 rich 부유한

Which one is better, this or that?

어느 게 더 나아, 이거 아니면 저거?

Words

seafood 해산물 meat 고기 on foot 걸어서

Sentences

- **Which do you want, seafood or meat?**
  너는 어떤 것을 원하니, 해산물 아니면 고기?

- **Do you go to school by bus or on foot?**
  너는 학교에 버스 타고 가니 아니면 걸어가니?

Dialogue

 Which do you want, seafood **or** meat?
너는 어떤 것을 원하니, 해산물 아니면 고기?

Both of them sound great.
다 좋아.

13. 여러 가지 문장 – 최상급

I am the heaviest in my class.

나는 우리 반에서 제일 무겁다.

★ 형용사나 부사의 원급 뒤에 -est를 붙이는 규칙

대부분 형용사/부사	원급+-est	old**est** small**est** high**est** cold**est**
-e로 끝나는 경우	원급+-st	nice**st** late**st** large**st** cute**st**
「자음+-y」로 끝나는 경우	y 빼고 +-iest	heav**iest** happ**iest** eas**iest**
「단모음+단자음」으로 끝나는 경우	마지막 자음 추가+-est	big**gest** hot**test**

- **Summer is the hottest of the four seasons.**
  여름은 사계절 중 가장 덥다.
- **This room is the largest in the hotel.** 이 객실은 호텔에서 제일 크다.

WORDS heavy 무거운 season 계절

I like spring because it's warm.

나는 따뜻하기 때문에 봄을 좋아해.

Words

be good for ~에 좋다 almost 거의 noisy 소란스러운

Sentences

- **Because it's good for health.** 건강에 좋기 때문이야
- **I almost cried because the movie was so funny.**
  그 영화가 너무 재미있어서 나는 거의 울었어.
- **That's because it's noisy.** 그건 너무 소란스럽기 때문이야.

Dialogue

Why do you like spring?
너는 왜 봄을 좋아해?

Because it's warm.
따뜻하기 때문이야.

13. 여러 가지 문장 – 최상급

He is the most famous singer in the world.

그는 세계에서 가장 유명한 가수이다.

★ most를 붙이는 경우

-ful/-ing/-ed/-ive/-ous 등으로 끝나는 형용사/부사, 3음절 이상의 형용사/부사	**most** + 원급	most expensive most interesting most important most curious most famous most careful
-ly로 끝나는 부사		most quickly most loudly

- **It is the most expensive ring in the world.**
  그것은 세계에서 가장 비싼 반지이다.

- **Helen is the most curious in her class.**
  Helen은 그녀의 반에서 호기심이 가장 많다.

WORDS careful 조심하는 ring 반지 curious 호기심이 많은

That's why I am here.
그래서 내가 여기 온 거야.

Words

win 이기다, 우승하다 upset 화난 popular 인기 많은

Sentences

- **That's why you won the contest.**
  그래서 너가 대회에서 우승했구나.
- **That's why I'm upset.** 그래서 내가 화가 난 거야.
- **That's why it is popular.** 그래서 그건 인기가 많은 거야.

Dialogue

 I practiced again and again.
나는 계속 연습 했어.

That's why you won the contest.
그래서 너가 대회에서 우승했구나.

13. 여러 가지 문장 - 비교급과 최상급 불규칙 변화

I'm trying to eat less sweets.

나는 단 것을 덜 먹으려고 한다.

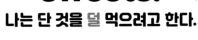

원급	비교급	최상급
good 좋은 well 잘	better 더 나은, 더 잘	best 가장 잘, 최고의
bad 나쁜	worse 더 안 좋은	worst 가장 나쁜, 최악의
many 많은 much 많은	more 더 많은	most 가장 많은
little 적은, 조금	less 더 적은, 덜	least 가장 적은, 최소의

★ 비교급 앞에 much, a lot, far, even, still 등을 쓰면 '훨씬', '더욱'이라는 의미로, 비교급의 뜻을 강조할 수 있어요.

- **I play basketball very well.** 나는 농구를 엄청 잘 한다.
- **Your computer <u>much</u> better than mine.** 네 컴퓨터는 내 것보다 훨씬 더 좋다.
- **I am the best player on my team.** 나는 우리 팀에서 최고의 선수이다.

WORDS   try to ~하려고 하다   sweets 단 것, 사탕   player 선수

Would you like to play badminton with me?
나랑 배드민턴 할래?

It's very cold outside. Let's stay at home, **shall we?**
바깥은 엄청 추워. 집에서 머무르자, 알겠지?

You should be more active. Regular exercise is good for health **and** strong bones.
넌 좀 더 활동적이어야 해. 규칙적인 운동은 건강과 튼튼한 뼈에 좋아.

I'll keep that in mind. Today, let's do yoga **or** Pilates at home.
명심할게. 오늘은 집에서 요가나 필라테스 하자.

Words

active 활동적인 keep in mind 명심하다 do yoga 요가하다

★ 우리말에 맞는 문장이 되도록 둘 중 알맞은 것을 고르세요.

01

I am the **heaviest / most heavy** in my class.

나는 우리 반에서 제일 무겁다.

02

I am **stronger / strongger** than Anne.

나는 Anne보다 더 튼튼하다.

03

She is **more / most** famous than Amy.

그녀는 Amy보다 더 유명하다.

04

I am the **tallest / taller** in my class.

나는 우리 반에서 제일 키가 크다.

★ 우리말에 맞는 문장이 되도록 밑줄 친 부분을 바르게 고치세요.

05 그는 세계에서 제일 부자이다.

He is **the richer** in the world. ⇨ _____

06 어제보다 오늘 더 덥다.

Today is **the hoter than** yesterday. ⇨ _____

07 토끼는 거북이보다 빠르다.

A rabbit is **fast than** a turtle. ⇨ _____

08 Helen은 그녀의 반에서 호기심이 가장 많다.

Helen is **more curious** in her class. ⇨ _____

Conversation 169

I'd love to, but I can't.
그러고 싶은데, 안 돼.

Words

already 이미 **full** 가득 찬, 배부른 **make it** 시간 맞춰 가다, 참석하다

Sentences

- **I'd love to, but I'm already full.**
  그러고 싶은데, 난 이미 배불러.

- **I'd love to, but I can't make it.**
  그러고 싶은데, 저는 못 갈 것 같아요.

Dialogue

Would you like to come to my birthday party?
내 생일 파티에 올래?

I'd love to, but I can't.
그렇고 싶은데, 안 돼.

14. 접속사 – 동등한 관계로 연결하는 and

I like dogs and cats.
나는 강아지와 고양이를 좋아한다.

★ **접속사**는 말하고자 하는 것이 여러 가지일 때 말과 말 사이의 접착제 역할을 해요. 단어와 단어, 구와 구, 문장과 문장을 연결해요.

★ **접속사 and**는 말하고자 하는 것을 여러 개 나열할 때 써요.

and ~와/과 그리고	I need onions **and** garlics. 나는 양파와 마늘을 필요로 한다. I need onions **and** she needs garlics. 나는 양파가 필요하고, 그녀는 마늘이 필요하다.

- **Peter and Jane are my friends.** Peter와 Jane은 내 친구들이다.
- **I have curly hair and big eyes.** 나는 곱슬머리와 큰 눈을 갖고 있다.
- **Peter is smart and Jane is kind.** Peter는 똑똑하고 Jane은 친절하다.

WORDS onion 양파 garlic 마늘 curly 곱슬곱슬한

I'm sorry, but
I have to go now.
미안하지만 나는 지금 가야 해.

Words

busy 바쁜 **seat** 좌석, 자리 **tell** 말해 주다

Sentences

- **I'm sorry, but I'm busy.** 미안하지만 전 바빠요.
- **I'm sorry, but I don't like this seat.**
  미안하지만 이 좌석은 마음에 안 들어요.
- **I'm sorry, but I can't tell you.**
  미안하지만 알려 줄 수가 없어요.

Dialogue

Would you like to play soccer with me?
나랑 축구 같이 할래?

I'm sorry, but I'm busy.
미안하지만 난 바빠.

14. 접속사 – 동등한 관계로 연결하는 but

I am tired **but** happy.
나는 피곤하지만 행복하다.

★ **접속사 but**은 서로 반대되는 의미를 연결할 때 써요.

but ~하지만 그러나	I am short **but** fast. 나는 작지만 빠르다. I am short, **but** she is tall. 나는 키가 작지만 그녀는 크다.

- **We look different, but we are good friends.**
  우리는 다르게 보이지만, 좋은 친구들이다

- **I can't swim, but he can swim.**
  나는 수영을 못하지만 그는 수영할 수 있다.

- **I don't like animals, but I know a lot about them.**
  나는 동물을 싫어하지만, 그것들에 대해 많이 안다.

WORDS short 키가 작은 different 다른

I'm sure you'll do well.
난 네가 잘 할거라고 확신해.

Words

make it 해내다 put 넣다 pocket 주머니

Sentences

- **I'm sure we can make it.** 나는 우리가 해낼 거라고 확신해.
- **I'm sure you will like it.** 나는 네가 그것을 좋아할 거라고 확신해.
- **I'm sure you put them in your pocket.**
  나는 네가 그것을 네 주머니에 넣었다고 확신해.

Dialogue

I made these dolls for my little sister.
나는 내 어린 여동생을 위해 이 인형들을 만들었어.

They look so cute! **I'm sure** she'll like them.
그것들은 정말 귀엽다! 나는 그녀가 그걸 좋아할 거라고 확신해.

14. 접속사 – 동등한 관계로 연결하는 or

We can get there by ship or plane.

우리는 배나 비행기로 그곳에 갈 수 있다.

★ **접속사 or**는 선택의 의미로 여러 가지를 나열할 때 써요.

or ~이거나 또는/혹은	I drink coffee **or** eat some food. 나는 커피를 마시거나 음식을 좀 먹는다. I will visit my parents today **or** tomorrow. 나는 오늘이나 내일 부모님을 방문할 것이다.

● **Is the tall man a clerk or a customer?**
   키 큰 남자는 점원인가요, 고객인가요?

● **Do you like spaghetti or pizza?**
   너는 스파게티를 좋아하니, 피자를 좋아하니?

WORDS ship 배 plane 비행기 clerk 점원 customer 고객, 손님

Are you sure?
확실해?(정말이야?)

Words

okay 괜찮은 alone 혼자서 anything 아무것

Sentences

- **Are you sure you're okay?** 너는 괜찮은 거 맞아?

- **Are you sure you can do it alone?**
  너는 혼자서 그것을 할 수 있는 게 확실해?

- **Are you sure you don't know anything?**
  너는 네가 아무것도 모르는 게 확실해?

Dialogue

I don't believe it. Are you sure?
난 믿을 수 없어. 확실해?

I'm sure.
확실해.

14. 접속사 – 동등한 관계로 연결하는 so

It is raining so I stay at home.
비가 오고 있어서 나는 집에 있다.

★ **접속사 so**는 결과가 되는 문장을 연결해요.

so 그래서	I missed the bus, **so** <u>I was late for school.</u> 버스를 놓친 결과 나는 버스를 놓쳐서 학교에 지각했다. I am hungry, **so** <u>I will eat a lot.</u> 배고픈 결과 나는 배가 고파서 많이 먹을 것이다.

- **It is getting dark, so I have to go home.**
  어두워지고 있어서 나는 집에 가야 한다.

- **My birthday is July 7th, so I like the number seven.**
  내 생일이 7월 7일이라서 나는 숫자 7을 좋아한다.

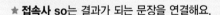

WORDS stay 머물다 miss 놓치다 dark 어두운

I hope you will have a great time.

네가 좋은 시간 보내기를 바라.

Words

come true 실현되다 keep in mind 명심하다 next time 다음에

Sentences

- **I hope your dream will come true.** 나는 당신의 꿈이 이루어지길 바래요.
- **I hope you keep that in mind.** 네가 그것을 명심하길 바라.
- **I hope you do better next time.** 나는 다음에 네가 더 잘 하기를 바라.

Dialogue

I'm sad because I didn't do well on the test.
시험을 망쳐서 슬퍼.

I hope you do better next time.
나는 다음에 네가 더 잘하기를 바라.

14. 접속사 – 명령문 + and/or

Hurry up, and you will arrive on time.
서둘러라, 그러면 제시간에 도착할 것이다.

명령문, and ~.	Take this medicine, **and** you will get better. 명령을 지킬 경우 일어날 일을 연결 이 약을 먹어라 **그러면** 너는 좋아질 것이다.
명령문, or ~.	Take this medicine, **or** you will get worse. 명령을 지키지 않았을 경우 일어날 일을 연결 이 약을 먹어라 **그렇지 않으면** 너는 더 심해질 것이다.

- **Hurry up, or you will be late.** 서둘러라, 그렇지 않으면 너는 늦을 것이다.
- **Press the button, and this machine will work.**
  버튼을 눌러라 그러면 이 기계는 작동할 것이다.
- **Press the button, or this machine won't work.**
  버튼을 눌러라 그렇지 않으면 이 기계는 작동하지 않을 것이다.

WORDS on time 제 시간에 press 누르다 machine 기계

What do you think of this plan?

너는 이 계획에 대해 어떻게 생각해?

Words

plan 계획 behavior 행동 situation 상황

Sentences

- **What do you think of his behavior?**
  그의 행동에 대해 어떻게 생각해?

- **What do you think of this situation?**
  이 상황에 대해 어떻게 생각해?

Dialogue

 What do you think of this plan?
너는 이 계획에 대해 어떻게 생각해?

I think it's good.
좋다고 생각해.

14. 접속사 – 시간을 나타내는 when

When I ride a bike, I wear my helmet.
나는 자전거를 탈 때 헬멧을 쓴다.

when ~할 때	When 문장1, 문장2 = 문장2 when 문장1 → [문장1] 할 때 [문장2]한다. **When** I was young, I was very shy. = I was very shy **when** I was young. 내가 어렸을 때 나는 정말 수줍음이 많았다.

- **When** my son was young, he was often sick.
  내 아들이 어렸을 때 그는 자주 아팠다.

- **Yoon Dongju was only 27 years old** when **he died.**
  윤동주가 죽었을 때 그는 불과 27살이었다.

WORDS shy 수줍음을 많이 타는 son 아들 die 죽다

Would you like to come to my house?
우리 집에 올래?

I'd love to, but I can't. I have to take care of my little brother.
그러고 싶은데, 난 안 돼.
나는 내 어린 남동생을 돌봐야 해.

Are you sure that you can do it alone? I can help you.
너는 혼자서 그것을 할 수 있는 게 확실해?
내가 너를 도울 수 있어.

I'll be okay. Thanks. **I hope** you will have a great time.
괜찮아. 고마워. 네가 좋은 시간 보내기를 바라.

Words

take care of 돌보다 **alone** 혼자서

★ 우리말에 맞는 문장이 되도록 둘 중 알맞은 것을 고르세요.

01
I like dogs **and / so** cats.
나는 강아지와 고양이를 좋아한다.

02
I am tired **or / but** happy.
나는 피곤하지만 행복하다.

03
We can get there by ship **and / or** plane.
우리는 배나 비행기로 그곳에 갈 수 있다.

04
When / Who I ride a bike, I wear my helmet.
나는 자전거를 탈 때 헬멧을 쓴다.

★ 우리말에 맞는 문장이 되도록 밑줄 친 부분을 바르게 고치세요.

05 비가 오고 있어서 나는 집에 있다.

It is raining **but** I stay at home. ⇨ _____

06 서둘러라. 그렇지 않으면 늦을 것이다.

Hurry up, **and** you will be late. ⇨ _____

07 나는 수영을 못하지만 그는 수영할 수 있다.

I can't swim, **so** he can swim. ⇨ _____

08 내가 어렸을 때 나는 정말 수줍음이 많았다.

I was very shy **and** I was young. ⇨ _____

Do you think I should tell my teacher first?

내가 먼저 선생님께 말씀드려야 할까?

Words

give it a try 시도하다 participate in 참여하다 debate 토론

Sentences

- **Do you think I should give it a try?**
  내가 시도를 해 봐야 할까?

- **Do you think I should participate in a debate?**
  내가 토론에 참여를 해야 할까?

Dialogue

Do you think I should tell my teacher first?
내가 먼저 선생님께 말씀드려야 할까?

No, you don't have to.
아니, 그럴 필요 없어.

14. 접속사 – 시간을 나타내는 before

Call me before you leave.
너는 떠나기 전에 내게 전화해라.

before (~하기) 전에	문장1 before 문장2 = Before 문장 2, 문장1 → [문장2] 전에 [문장1]한다.
	I take a shower **before** I go to bed. = **Before** I go to bed, I take a shower. 나는 자러 가기 전에 샤워를 한다.

★ before는 전치사로도 쓰여요.
  I wake up **before** 8 a.m. 나는 <u>오전 8시</u> 전에 일어난다.
    전치사 뒤에는 명사 역할을 하는 말이 온다.

● Before you forget, you should write it down.
  네가 잊기 전에 적어두는 게 좋겠다.

● Before you eat, you should wash your hands.
  너는 식사하기 전에 손을 씻는 게 좋겠다.

WORDS leave 떠나다 write down 적어놓다, 기록하다

I think so, too.
나도 그렇게 생각해.

Words

necessary 필요한 **great** 훌륭한 **story** 이야기

Sentences

- **I think it's necessary.** 나는 그것이 필요하다고 생각해.
- **I think he was great.** 나는 그가 훌륭했다고 생각해.
- **I don't think so.** 나는 그렇게 생각 안 해.

Dialogue

What do you think of *King Sejong*?
세종대왕에 대해 어떻게 생각하니?

I think he was a great king.
나는 그가 훌륭한 왕이었다고 생각해.

14. 접속사 – 시간을 나타내는 after

After the sun sets, it gets cold.
해가 진 후에 추워진다.

after ~ 후에	문장1 after 문장2 = After 문장2, 문장1 → [문장2]가 일어난 후에 [문장1]한다.
	I go to bed **after** I take a shower. = **After** I take a shower, I go to bed. 나는 샤워를 한 후에 자러 간다.

★ after는 전치사로도 쓰여요.
  I usually play soccer **after** <u>school</u>. 나는 방과 후에 보통 축구를 한다.
  전치사 뒤에는 명사 역할을 하는 말이 온다.

● After he read a book, he cleaned his room.
  그는 책을 읽은 후에 방을 치웠다.

● After I drank water, I threw the bottle in a trash can.
  나는 물을 마신 후에 쓰레기통에 병을 던졌다.

WORDS throw 던지다 trash can 쓰레기통

Conversation 178

What makes you think so?
무엇이 너를 그렇게 생각하게 만드니?
(왜 그렇게 생각해?)

Words

say 말하다 laugh 웃다 sad 슬픈

Sentences

- **What makes you say so?** 왜 그렇게 말해?
- **What makes you laugh?** 왜 그렇게 웃어?
- **What makes you sad?** 왜 그렇게 슬프니?

Dialogue

 What makes you sad?
왜 그렇게 슬프니?

Summer vacation is over.
여름 방학이 끝났잖아.

14. 접속사 – 이유를 나타내는 because

I like winter because I can go skiing.

나는 스키를 타러 갈 수 있기 때문에 겨울을 좋아한다.

because ~ 때문에	문장1 because 문장2 = Because 문장2, 문장1 → [문장2] 때문에 [문장1]한다. I can't go out **because I have a stomachache.** 내가 나갈 수 없는 이유 = **Because I have stomachache,** I can't go out. 나는 배가 아파서 나갈 수 없다.

★ because of도 뜻은 같지만, 전치사로 쓰여 뒤에 명사 역할을 하는 말이 와요.
   I can't go outside **because of** the snow. 나는 눈 때문에 밖에 나갈 수가 없다.

- **I am hungry because I didn't have breakfast.**
   나는 아침을 먹지 않아서 배고프다.

- **I feel better because I slept well yesterday.**
   나는 어제 푹 잤기 때문에 몸이 전보다 좋다.

WORDS stomachache 복통 feel better 전보다 낫다 sleep well 푹 자다

I didn't mean to hurt you.

너에게 상처를 주려는 의도는 아니었어.

Words

hurt 상처 주다 **bother** 귀찮게 하다 **rude** 무례한

Sentences

- **I didn't mean to make you angry.** 너를 화나게 만들려던 것은 아니었어.

- **I didn't mean to bother you.** 너를 귀찮게 하려는 의도는 아니었어.

- **I didn't mean to be rude.** 무례하게 굴려는 의도는 아니었어

Dialogue

 Why did you say that?
왜 그렇게 말해?

> **I didn't mean to** hurt you.
> 너에게 상처를 주려는 의도는 아니었어.

15. 동사의 변신 – 동명사

Learning English is difficult.

영어를 배우는 것은 어렵다.

★ 동사는 자신의 모양을 바꾸어서 명사나 형용사 등 다른 품사의 역할을 할 수 있어요.

★ 동사를 -ing형으로 바꾸면 명사 역할을 할 수 있어요. 이를 '**동명사**'라고 해요.

동명사의 형태	동사 + **-ing** → learn + -ing = learning 배우는 것, 배우기
동명사의 역할	문장 안에서 주어나 보어, 목적어자리에 올 수 있다. **Playing** basketball is my hobby. 농구를 하는 것은 내 취미이다. My hobby is **playing** basketball. 내 취미는 농구하는 것이다. I like **playing** basketball. 나는 농구하는 것을 좋아한다.

- **Going out at night is dangerous.** 밤에 나가는 것은 위험하다.
- **Exercising regularly is a good habit.**
  규칙적으로 운동하는 것은 좋은 습관이다.
- **Seeing is believing.** 보는 것이 믿는 것이다.

WORDS dangerous 위험한 regularly 규칙적으로 habit 습관

Is it okay if **I play outside?**

밖에서 놀아도 **될까요?**

Words

hug 포옹하다 borrow 빌리다 later 나중에

Sentences

- **Is it okay if I hug you?** 제가 당신을 안아도 될까요?
- **Is it okay if I borrow your umbrella?** 제가 당신의 우산을 빌려가도 될까요?
- **Is it okay if I clean this up later?** 이거 나중에 치워도 될까요?

Dialogue

Is it okay if I play outside?
밖에서 놀아도 될까요?

Sure. But don't stay out too late!
물론이지. 하지만 너무 늦게까지 밖에 있지 마!

15. 동사의 변신 - to부정사

To learn English is difficult.

영어를 배우는 것은 어렵다.

★ 동사 앞에 to를 써도 명사 역할을 대신할 수 있는데, 이를 'to부정사'라고 해요.

to부정사 형태	**to** + 동사원형 → to + learn = to learn 배우는 것, 배우기
to부정사 역할	문장 안에서 주어, 보어, 목적어 자리에 올 수 있다. **To save** a lot of money is not easy. 돈을 많이 모으는 것은 쉽지 않다. My goal is **to save** a lot of money. 내 목표는 돈을 많이 모으는 것이다. I want **to save** a lot of money. 나는 많은 돈을 모으기를 원한다.

- **To tell lies is a bad habit.** 거짓말을 하는 것은 나쁜 습관이다.
- **One of my bad habits is to tell lies.**
  나의 나쁜 습관 중 하나는 거짓말을 하는 것이다.
- **I don't want to tell lies.** 나는 거짓말하기를 원하지 않는다.

WORDS goal 목표 tell lies 거짓말하다 bad 나쁜

Conversation 181

Do you mind if I turn on the TV?
제가 **TV**를 **켜**도 될까요?

Words

turn on 켜다 bathroom 화장실 take off 벗다

Sentences

- **Do you mind if I use the bathroom?**
  화장실을 좀 써도 될까요?

- **Do you mind if I take off my shoes?**
  제가 신발을 벗어도 될까요?

Dialogue

Do you mind if I turn on the TV?
제가 TV를 켜도 될까요?

No, go ahead.
네, 하세요.

15. 동사의 변신 – 동명사와 to부정사

I want to be a teacher.
나는 선생님이 되기를 원한다.

★ 목적어 자리에 to부정사나 동명사 중 하나만 필요로 하는 동사들이 있어요.

to부정사를 목적어로 취하는 동사	동명사를 목적어로 취하는 동사
want need hope plan wish expect decide 등	enjoy finish give up quit suggest 등

- **I want to take a walk.** 나는 산책하기를 원한다.
- **I enjoy taking a walk.** 나는 산책하는 것을 즐긴다.
- **They decided to build a school.** 그들은 학교를 짓기로 결정했다.
- **They finished building a school.** 그들은 학교 짓는 것을 마쳤다.

WORDS hope 희망하다 expect 기대하다 decide 결정하다 build 짓다

What are you going to do at the school festival?

너는 학교 축제에서 무엇을 할 거야?

I have no idea. Umm, how about dancing together? I think it's easy and fun.

모르겠네. 음, 같이 춤추는 건 어때?
그건 쉽고 재미있을 거 같아.

I don't think so. I can't dance well.

난 그렇게 생각 안 해. 난 춤 잘 못 춰.

I can teach you. Let's practice from today, shall we?

내가 가르쳐 줄 수 있어.
오늘부터 연습하자, 알겠지?

Words

easy 쉬운 **fun** 재미있는 **teach** 가르치다

★ 우리말에 맞는 문장이 되도록 둘 중 알맞은 것을 고르세요.

01
To learning / To learn
English is difficult.
영어를 배우는 것은 어렵다.

02
Before / After the sun
sets, it gets cold.
해가 진 후에 추워진다.

03
Before / After I go to
bed, I take a shower.
나는 자러 가기 전에 샤워를 한다.

04
I can't go outside
because / because of
the snow.
나는 눈 때문에 밖에 나갈 수 없다.

★ 우리말에 맞는 문장이 되도록 밑줄 친 부분을 바르게 고치세요.

05 너는 떠나기 전에 내게 전화해라.

Call me **after** you leave. ⇨ _____

06 나는 스키를 타러 갈 수 있기 때문에 겨울을 좋아한다.

I like winter **so** I can go skiing. ⇨ _____

07 나는 산책하는 것을 즐긴다.

I enjoy **to take** a walk. ⇨ _____

08 나는 선생님이 되기를 원한다.

I **want be** a teacher. ⇨ _____